"十三五"国家重点出版物出版规划项目·重大出版工程规划
中国工程院重大咨询项目成果文库
战略性新兴产业发展重大行动计划研究丛书

丛书主编 钟志华 邬贺铨

新一代信息产业发展重大行动计划研究

高文 吴曼青等 著

科学出版社

北京

内 容 简 介

本书分析了新一代信息技术产业2016年度至2017年度的发展情况；综合阐述了新一代信息技术产业在国内以及国外的发展现状、趋势和特征，物联网、集成电路、大数据、人工智能等重点领域的发展情况，我国新一代信息技术产业发展存在的问题；提出了宽带乡村示范工程、集成电路发展工程、大数据发展工程、人工智能创新工程的行动计划及实施途径；对超高清（4K/8K）量子点液晶显示、半导体照明、人工智能语音识别、集成电路产业四个重点方向产业成熟度进行了评价并提出了培育发展建议。

本书有助于社会公众了解信息技术产业总体情况，对有关决策部门、科技工作者、投融资机构的工作具有较高的参考价值。

图书在版编目（CIP）数据

新一代信息产业发展重大行动计划研究/高文，吴曼青等著. —北京：科学出版社，2019.3

（战略性新兴产业发展重大行动计划研究丛书／钟志华，邬贺铨主编）

"十三五"国家重点出版物出版规划项目·重大出版工程规划

中国工程院重大咨询项目成果文库

ISBN 978-7-03-060568-9

Ⅰ. ①新… Ⅱ. ①高… Ⅲ. ①信息产业-产业发展-研究-中国 Ⅳ. ①F49

中国版本图书馆 CIP 数据核字（2019）第 030287 号

责任编辑：陶 璇／责任校对：孙婷婷
责任印制：霍 兵／封面设计：正典设计

科 学 出 版 社 出版
北京东黄城根北街16号
邮政编码：100717
http://www.sciencep.com

北京画中画印刷有限公司 印刷
科学出版社发行 各地新华书店经销

*

2019年3月第 一 版　开本：720×1000　B5
2019年3月第一次印刷　印张：6 3/4
字数：140 000
定价：98.00元
（如有印装质量问题，我社负责调换）

"战略性新兴产业发展重大行动计划研究"
丛书编委会名单

顾　问：

徐匡迪　　路甬祥　　周　济　　陈清泰

编委会主任：

钟志华　　邬贺铨

编委会副主任：

王礼恒　　薛　澜

编委会成员（以姓氏笔画为序）：

丁　汉	丁文华	丁荣军	王一德	王天然	王文兴
王华明	王红阳	王恩东	尤　政	尹泽勇	卢秉恒
刘大响	刘友梅	孙优贤	孙守迁	杜祥琬	李龙土
李伯虎	李国杰	杨胜利	杨裕生	吴　澄	吴孔明
吴以成	吴曼青	何继善	张　懿	张兴栋	张国成
张彦仲	陈左宁	陈立泉	陈志南	陈念念	陈祥宝
陈清泉	陈懋章	林忠钦	欧阳平凯	罗　宏	岳光溪
岳国君	周　玉	周　源	周守为	周明全	郝吉明
柳百成	段　宁	侯立安	侯惠民	闻邦椿	袁　亮
袁士义	顾大钊	柴天佑	钱清泉	徐志磊	徐惠彬
栾恩杰	高　文	郭孔辉	黄其励	屠海令	彭苏萍
韩　强	程　京	谢克昌	强伯勤	谭天伟	潘云鹤

工作组组长：周　源　刘晓龙

工作组（以姓氏笔画为序）：

马　飞	王海南	邓小芝	刘晓龙	江　媛	安　达
安剑波	孙艺洋	孙旭东	李腾飞	杨春伟	张　岚
张　俊	张　博	张路蓬	陈必强	陈璐怡	季桓永
赵丽萌	胡钦高	徐国仙	高金燕	陶　利	曹雪华
崔　剑	梁智昊	葛　琴	裴莹莹		

"战略性新兴产业发展重大行动计划研究"丛书序

中国特色社会主义进入了新时代，中国经济已由高速增长阶段转向高质量发展阶段。战略性新兴产业是以重大技术突破和重大发展需求为基础，对经济社会全局和长远发展具有重大引领带动作用的产业，具有知识技术密集、物质资源消耗少、成长潜力大、综合效益好等特点。面对当前国际错综复杂的新形势，发展战略性新兴产业是建设社会主义现代化强国，培育经济发展新动能的重要任务，也是促进我国经济高质量发展的关键。

党中央、国务院高度重视我国战略性新兴产业发展。习近平总书记指出，要以培育具有核心竞争力的主导产业为主攻方向，围绕产业链部署创新链，发展科技含量高、市场竞争力强、带动作用大、经济效益好的战略性新兴产业，把科技创新真正落到产业发展上[1]。党的十九大报告也提出，建设现代化经济体系，必须把发展经济的着力点放在实体经济上，把提高供给体系质量作为主攻方向，显著增强我国经济质量优势[2]。要坚定实施创新驱动发展战略，深化供给侧结构性改革，培育新增长点，形成新动能。

为了应对金融危机，重振经济活力，2010 年，国务院颁布了《国务院关于加快培育和发展战略性新兴产业的决定》；并于 2012 年出台了

---

[1] 中共中央文献研究室. 习近平关于科技创新论述摘编. 中央文献出版社，2016
[2] 习近平. 决胜全面建成小康社会 夺取新时代中国特色社会主义伟大胜利. 人民出版社，2017

《"十二五"国家战略性新兴产业发展规划》，提出加快培育和发展节能环保、新一代信息技术、生物、高端装备制造、新能源、新材料、新能源汽车等战略性新兴产业；为了进一步凝聚重点，及时调整战略性新兴产业发展方向，又于 2016 年出台了《"十三五"国家战略性新兴产业发展规划》，明确指出要把战略性新兴产业摆在经济社会发展更加突出的位置，重点发展新一代信息技术、高端制造、生物、绿色低碳、数字创意五大领域及 21 项重点工程，大力构建现代产业新体系，推动经济社会持续健康发展。在我国经济增速放缓的大背景下，战略性新兴产业实现了持续快速增长，取得了巨大成就，对稳增长、调结构、促转型发挥了重要作用。

中国工程院是中国工程科技界最高荣誉性、咨询性学术机构，同时也是首批国家高端智库。自 2011 年起，配合国家发展和改革委员会开展了"战略性新兴产业培育与发展""'十三五'战略性新兴产业培育与发展规划研究"等重大咨询项目的研究工作，参与了"十二五""十三五"国家战略性新兴产业发展规划实施的中期评估，为战略性新兴产业相关政策的制定及完善提供了依据。

在前期研究基础上，中国工程院于 2016 年启动了"战略性新兴产业发展重大行动计划研究"重大咨询项目。项目旨在以创新驱动发展战略、"一带一路"倡议等为指引，紧密结合国家经济社会发展新的战略需要和科技突破方向，充分关注国际新兴产业的新势头、新苗头，针对《"十三五"国家战略性新兴产业发展规划》提出的重大工程，提出"十三五"战略性新兴产业发展重大行动计划及实施路径，推动重点任务及重大工程真正落地。同时，立足"十三五"整体政策环境进一步优化和创新产业培育与发展政策，开展战略性新兴产业评价指标体系、产业成熟度深化研究及推广应用，支撑国家战略决策，引领产业发展。

经过两年的广泛调研和深入研究，项目组编纂形成"战略性新兴产业发展重大行动计划研究"成果丛书，共11种。其中1种为综合卷，即《战略性新兴产业发展重大行动计划综合研究》；1 种为政策卷，即《战略性新兴产业：政策与治理创新研究》；9 种为领域卷，包括《节能环保产业发展重大行动计划研究》《新一代信息产业发展重大行动计划研究》《生物产业发展重大行动计划研究》《能源新技术战略性新兴产业重大行动计划研究》《新能源汽车产业发展重大行动计划研究》《高端装备制造业发展重大行动计划研究》《新材料产业发展重大行动计划研究》《"互联网+智能制造"新兴产业发展行动计划研究》《数字创意产业发展重大行动计划研究》。本丛书深入分析了战略性新兴产业重点领域以及产业政策创新方面的发展态势和方向，梳理了具有全局性、带动性、需要优先发展的重大关键技术和领域，分析了目前制约我国战略性新兴产业关键核心技术识别、研发及产业化发展的主要矛盾和瓶颈，为促进"十三五"我国战略性新兴产业发展提供了政策参考和决策咨询。

2019年是全面贯彻落实十九大精神的深化之年，是实施《"十三五"国家战略性新兴产业发展规划》的攻坚之年。衷心希望本丛书能够继续为广大关心、支持和参与战略性新兴产业发展的读者提供高质量、有价值的参考。

序

从世界范围来看,电子信息产业已成为最具变革性的领域之一。其中,不断涌现出的新技术、新产品、新服务、新模式乃至新理念,每天都在刷新人类对信息技术的广阔领域和巨大影响的认知。因而,新一代信息技术产业的内涵、发展方向选择也随着技术革新、市场需求以及产业发展不断变化。

习近平在中国共产党第十九次全国代表大会上的报告中指出"加快建设制造强国,加快发展先进制造业,推动互联网、大数据、人工智能和实体经济深度融合,在中高端消费、创新引领、绿色低碳、共享经济、现代供应链、人力资本服务等领域培育新增长点、形成新动能"[①]。《国务院关于印发"十三五"国家战略性新兴产业发展规划的通知》中提出推动信息技术产业跨越发展,拓展网络经济新空间。并提出实施网络强国战略,加快建设"数字中国",推动物联网、云计算和人工智能等技术向各行业全面融合渗透,构建万物互联、融合创新、智能协同、安全可控的新一代信息技术产业体系。"十三五"开局以来,以物联网、云计算等为代表的新兴信息技术产业发展迅速,涌现出了一批新产品、新业态、新模式,同时新一代信息技术加速与传统产业融合,推动了传统产业的转型升级,成为稳增长、促发展的有效驱动力。

未来五到十年,是全球新一轮科技革命和产业变革从蓄势待发到群体迸发的关键时期。信息革命进程持续快速演进,物联网、云计算、大数

---

① 习近平. 决胜全面建成小康社会　夺取新时代中国特色社会主义伟大胜利. 人民出版社,2017

据、人工智能等技术广泛渗透于经济社会各个领域，信息经济繁荣程度成为国家实力的重要标志。《国务院关于印发"十三五"国家战略性新兴产业发展规划的通知》提出力争在新一代信息技术产业薄弱环节实现系统性突破，总产值规模超过 12 万亿元。并提出"十三五"期间新一代信息技术产业发展的六大重点方向，即①构建网络强国基础设施。深入推进"宽带中国"战略，加快构建高速、移动、安全、泛在的新一代信息基础设施。②推进"互联网+"行动。促进新一代信息技术与经济社会各领域融合发展，培育"互联网+"生态体系。③实施国家大数据战略。落实大数据发展行动纲要，全面推进重点领域大数据高效采集、有效整合、公开共享和应用拓展，完善监督管理制度，强化安全保障，推动相关产业创新发展。④做强信息技术核心产业。顺应网络化、智能化、融合化等发展趋势，着力培育建立应用牵引、开放兼容的核心技术自主生态体系，全面梳理和加快推动信息技术关键领域新技术研发与产业化，推动电子信息产业转型升级取得突破性进展。⑤发展人工智能。培育人工智能产业生态，促进人工智能在经济社会重点领域推广应用，打造国际领先的技术体系。⑥完善网络经济管理方式。

本书对我国和国外新一代信息技术产业的发展环境、发展现状、存在的问题，以及发展趋势进行了全面系统的分析，并结合我国"十三五"战略规划和发展需求，提出我国"十三五"期间新一代信息技术产业重大行动计划，以期为国家"十三五"战略信息产业发展规划的落地实施以及战略目标的实现提供意见参考。

前　言

新一代信息技术产业成为世界各国经济增长的重要引擎。我国新一代信息技术领域的硬件、软件、内容和服务方面的创新步伐不断加快，融合化、智能化、应用化特征突出，成为引领新一轮技术创新浪潮的重要力量。

本书针对《国务院关于印发"十三五"国家战略性新兴产业发展规划的通知》中提出的四个重点示范工程，分析了重大行动计划的战略意义、当前现状，并提出了重大行动计划的目标、实施内容和实施途径。

农村宽带建设作为农村信息化的基础设施，是农村经济社会发展的重要基础，对促进农村经济社会全面发展具有重要的战略意义。我国已经开展了"宽带中国"战略。目前农村地区宽带网络设施条件较为落后，需要围绕"宽带中国"战略和"宽带乡村"工程的发展目标，按照"中央资金引导、地方协调支持、企业为主推进"的新思路，全面推进我国宽带网络基础设施建设，完善和升级已有宽带基础设施，增速与安全同进，力争在2020年达到宽带网络基本全覆盖。

集成电路是当今信息技术产业高速发展的原动力，我国集成电路产业形成了以集成电路设计、芯片制造和封装测试为主体的细分产业结构，产业链逐渐完善，国产化步伐不断加快，但仍存在核心技术自主可控能力差、产业发展不均衡等问题，工艺水平仍落后于国际先进水平1.5~2代，以进口为主的格局始终未能改变。建议着力发展集成电路设计业，大力开发集成电路产品；加速发展集成电路制造业，增强先进和特色工艺能力；提升先进封装测试业发展水平，提高规模化生产能力；突破集成电路高端装备和材料的关键技术，增强产业配套能力；建立国家级的集成电路制造技术研发中心。

人工智能是新时期我国经济社会发展的战略性科技领域，是建设网络强国、推动产业转型升级的关键支撑。我国是向科技强国进军的科技大国，在人工智能基础研发、人才培养、互联网应用方面有着独特优势，在国际上占有一席之地，但是由于起步较晚，且发展步伐迅猛，难免存在一些问题，这些问题主要表现在人工智能领域雁式领军人才与复合型创新人才缺乏及领军企业缺乏，技术创新能力不足。为解决这些问题，需加快人工智能基础研究和核心技术研发投入，培育创新主体；加快人工智能基础设施平台建设；推进重点技术应用产业化建设，利用好我国互联网基础设施及数据优势，推进人机协作智能系统的开发与应用；积极推进人工智能创新保障机制建设，构建良性发展环境。

在大数据产业方面，我国存在数据开放共享仍处于探索阶段、产业生态不完善、数据安全风险严峻、相关制度体系建设滞后、核心技术自主可控有待突破、基础设施建设有待优化等问题。因此，需要利用我国大数据发展的优势条件，推动大数据产业的发展，全面建设数据强国。建议构建全国一体化的国家大数据中心，推动数据的开放共享；以保障安全可控为重点，以维护网络空间安全能力建设为目标，打造安全有序的发展环境；统筹标准、完善制度，为大数据产业发展提供基本支撑；加强大数据技术研发，营造创新发展环境。

目 录

第一章 全球新一代信息技术产业的发展现状与趋势 ············· 1

  一、全球新一代信息技术产业的发展现状 ················· 1

  二、全球新一代信息技术产业的发展趋势特征 ··············· 3

  三、全球新一代信息技术产业重点领域的发展情况 ············· 6

第二章 我国新一代信息技术产业分析 ··················· 20

  一、我国新一代信息技术产业的现状 ··················· 20

  二、我国新一代信息技术产业存在的问题 ················· 23

  三、我国新一代信息技术产业的发展趋势 ················· 26

第三章 我国新一代信息技术产业重点领域发展现状 ············ 29

  一、网络强国基础设施 ························· 29

  二、物联网产业 ···························· 33

  三、集成电路产业 ··························· 40

  四、大数据产业 ···························· 48

  五、人工智能产业 ··························· 56

第四章　我国新一代信息技术产业发展重大行动计划 62

一、宽带乡村示范工程 62

二、集成电路发展工程 65

三、大数据发展工程 70

四、人工智能创新工程 76

第五章　我国新一代信息技术产业成熟度评价 80

一、超高清（4K/8K）量子点液晶显示产业成熟度评价 80

二、集成电路产业成熟度评价 83

三、半导体照明产业成熟度评价 85

四、人工智能语音识别产业成熟度评价 88

第一章　全球新一代信息技术产业的发展现状与趋势

一、全球新一代信息技术产业的发展现状

（一）全球新一代信息技术产业发展概述

新一代信息技术产业已成为世界各国经济增长的重要引擎。2016年，世界经济延续了复苏态势，保持低速增长。其中，美欧等发达经济体在诸多不确定因素的影响之下，呈现出复苏乏力态势，新兴经济体的快速增长成为经济增长的主要拉动力量。在世界经济总体颓势的背景下，新一代信息技术却呈现欣欣向荣之势——新的技术逐步成熟，创新商业模式层出不穷，全新的产业生态体系正在形成，并开启了融合发展的新局面。新一代信息技术产业具有高度的泛在性、渗透性、融合性等特征，新一代信息技术产业内部形成一体化的创新生态链的同时，新一代信息技术还迅速渗透至其他领域和产业，可见新一代信息技术产业是最具活力的新兴产业之一，展现出巨大的发展潜力。面对新形势，美、欧、日、韩等国家和地区以及新兴经济体均出台了一系列政策措施推动新一代信息技术产业发展，推动电子信息技术发展和创新应用，积极布局新兴领域，试图抓住新一轮信息技术革命带来的机遇，抢占未来经济社会发展和技术进步的制高点。

根据《世界电子数据年鉴2016》（*The Yearbook of World Electronics*

Data 2016）的测算，2016 年世界电子产品产值为 17 276 亿美元，比 2015 年增长 0.24%。新一代信息技术产业中，云计算、大数据、物联网等表现较为突出。2016 年以基础设施即服务（infrastructure as a service，IaaS）、平台即服务（platform as a service，PaaS）和软件即服务（software as a service，SaaS）为代表的典型云服务市场规模达到 654.83 亿美元，增速为 20.6%，预计 2020 年将达到 1 435.3 亿美元，复合年增长率约达到 22%；国际数据公司（International Data Corporation，IDC）曾预测大数据和业务分析收入 2017 年会达到 1 508 亿美元，相比 2016 年增长 12.4%，大数据分析相关硬件和服务的商业采购预计到2020年前将保持11.8%的复合年增长率，收入将超过 2 100 亿美元；根据 IC Insights（集成电路观察）等机构的研究，2016 年全球具备联网及感测功能的物联网市场规模为 700 亿美元，比 2015 年增长 21%，2017 年全球物联网市场规模会达到 798 亿美元，到 2021 年全球联网设备将达 280 亿个，其中 160 亿个与物联网有关。咨询顾问公司 Gartner（高德纳）的研究显示，2016 年全球半导体收入总计 3 435 亿美元，较 2015 年的 3 349 亿美元提升 2.6%，并在 2017 年突破 4 000 亿美元。除了以技术手段争夺产业生态主导权，国外物联网巨头还通过建立产业联盟以稳固物联网产业生态，打造竞争优势，其中工业、车联网、智能家居等领域成为布局热点[①]。

（二）全球新一代信息技术产业发展的重点方向

世界范围内正在掀起新一轮的产业竞争，新一代信息技术产业作为抢占技术制高点和经济增长点的有力手段，将极大地带动传统产业升级换代，推动其他战略性新兴产业加速发展。牢牢把握新一代信息技术产业发展趋势，必将成为发展基于知识与数据的战略新兴产业的重要抓手。为谋求信息时代的竞争新优势，各主要发达国家高度重视电子信息产业在促进经济发展和塑造国家竞争力方面的重要战略性作用，通过加强政府引导，提供战略指引，加大政策支持力度，鼓励技术创新，不断探索产业发展路径，力图培育新业态和潜在的消费增长点。

---

① 数据来源：中国信息通信研究院. 物联网白皮书（2015 年）. 2015

表 1-1 梳理了世界部分国家和地区面向 2020 年在新一代信息技术领域的战略布局和重点发展方向。可以看出，各主要发达国家和地区都将新一代信息技术产业发展作为战略主导产业，在多方面优先布局。

表 1-1 新一代信息技术领域战略布局和重点发展方向

国家和地区	战略部署	重点发展方向
美国	连接美国——国家宽带战略、"智慧地球"计划、大数据研究与开发计划	大数据、社会计算、智慧城市、无线通信、未来网络、网络安全和隐私保护、高性能计算机、高可信软件与系统、人机交互、信息-物理融合系统（cyber-physical system）、智能制造、智能电网、机器人、医疗 IT（information technology，信息技术）、认知计算、大脑活动图谱等
欧盟	物联网战略研究路线图、欧盟 2020 战略、数字化议程	新一代通信、下一代计算、智能制造（工业 4.0）、智能机器人、个人通信与居家通信、物联网、智能基础设施建设、数字内容、数字文化、虚拟现实、嵌入式系统、信息安全技术、石墨烯、人类大脑工程等
日本	创建最尖端 IT 国家宣言、日本 ICT（information, communication, technology）新政、数字日本创新计划、环保积分制度	新一代光网、下一代无线网、云计算、下一代计算机、智能电网、机器人、下一代半导体与显示器、嵌入式系统、3D（3 dimension，三维）影像、语音翻译、软件工程、泛在计算、基于云平台的电子政务、医疗及教育等领域云服务、高级道路交通系统、国民电子个人信箱等
韩国	新增长动力规划及发展战略、IT 韩国未来战略、国家融合技术发展基本计划、第三次科学技术基本计划	高速无线网接入、数字多媒体广播、家庭网络、车载无线网络、无线射频识别、传感器网络、IPv6 互联网、新一代移动通信、平板显示、新一代电脑、嵌入式系统、数字内容、智能机器人等

二、全球新一代信息技术产业的发展趋势特征

（一）新一代信息技术泛在化、融合化、智能化趋势愈发明显

电子信息领域技术创新不断、屡有突破。如利用分布式计算技术提供海量廉价存储和计算能力的"云计算"；向规模化、智能化和协同化发展，已达到互联互通互操作的"物联网"；具有更透彻的感知、更广泛的互联、更深入的智能化特征的"智慧城市"等。此外，新一代信息技术持续向泛在、融合、智能和绿色方向发展，多样性、开放性以及跨领域的技术创新不断涌现。这类技术创新有明显的特点，这些特点表现为：并非以某种主导技术为基础，而是在几乎所有信息技术领域都发生创新变革；并非终端、平台或应用的某一处创新，而是创新链或产业链

的"集体行为",是全球化的广泛过程;产业的融合发展日趋明显,为产业的转型升级奠定了坚实的基础;软件加速向开源化、智能化、网络化和服务化方向发展,产业链的垂直整合,促使网络产业的组织形态与方式发生变革;移动互联网、云计算等不断引领商业模式的创新、新产业业态的形成,全球电子信息产业面临新一轮的"洗牌",技术和产业竞争将更加激烈[1]。

（二）技术创新与应用业态"双轮驱动"加速产业生态体系构建

新一代信息技术以综合集成的一体化软件平台为中心,发展模式上将由传统的技术驱动向应用驱动与技术创新结合的模式转变[2]。信息技术的变革创新,在推动新一代信息技术宽带化、移动化、智能化和泛在化加速演化进程中,同服务业、工业制造、文化产业等相互融合,催生了新的业态,蕴含着新的巨大的市场空间。宽带接入技术广泛应用为信息服务市场发展提供了良好条件,移动通信不断催生新的业态和模式,物联网、云计算等新一代信息技术在广度和深度上不断扩张,在公共安全、城市管理、交通运输等多个领域具备广阔的市场前景。信息安全也是一个不断交叉融合的典型应用领域,应用新的数据平台概念设计、实现和运行系统的信息安全技术,从监测向理解、从数据收集向行为异常分析转变,提前洞悉风险并制定全局规划,将大幅提升信息系统防护水平。总体来讲,创新技术和以应用为驱动的信息服务对接,新一代信息技术向其他领域广泛渗透,将构建日益完善的全生态产业群落。

（三）新一代信息产业大步迈入"全产业链"竞争时代

随着"全产业链"时代的开启,产业链较强的整合能力逐渐代替单一产品或技术优势,成为决定企业竞争力的关键——即伴随原有产业边界被全面打破,谁最先进行产业链整合与重构,发展形成基于"软件+终

---

[1] 孙会峰. 产业发展亟待明确路线图. 中国电子报, 2013-07-30（6）
[2] 张大华. 信息技术发展趋势与方向. 国家电网报, 2012-06-19（10）

端+内容"的整合能力,谁就将率先确立竞争优势。因此,在产业融合的背景下,向产业链的上下游环节有效拓展,成为企业在激烈的国际竞争市场中保持竞争力的基本要求[①]。同时,产业链整合模式也在不断催生新的产业形态,并向传统产业领域全面加速渗透。未来整体的价值链将会发生变化,终端、平台及服务的价值将超越硬件成为增值主体。

（四）"软件定义一切"趋势日益明显

近年来,随着计算机网络和通信两大领域深化融合,新一代信息技术产业软硬件融合趋势将进一步加深,集成硬件和软件的解决方案、以服务定制需求、重视用户体验将成为创新和业务开展的方向。同时,全球电子信息产业结构由信息技术硬件向信息服务应用倾斜,"软化"趋势更加明显。目前,全球信息产品制造业的比重进一步下降,包括数字内容在内的信息服务业比重不断上升。随着计算机网络和通信两大领域深化融合,电子信息产业软硬件融合趋势进一步加深。目前,全球 IT 支出的主要增长动力来自于软件及信息服务市场的增长,而软件产业呈现"服务化"趋势——SaaS 成为硬件、软件、互联网等行业的重要趋势。

（五）面向服务的商业模式创新重塑了产业发展格局

服务是电子信息产业发展的基本趋势,商业模式是推动电子信息产业服务化的重要手段。在新一代信息技术领域,商业模式创新正在以层出不穷的新业态方式,促进技术创新在教育、医疗等传统领域的应用,推动传统信息技术产业向其他领域渗透,实现产业升级换代并重塑产业格局。云计算是技术革新和商业创新模式结合的典范,是信息服务的集中体现,其本质就是面向服务的商业模式创新——通过互联网向用户提供服务,用户无须购买或拥有复杂的软硬件系统即可享受云服务的便利与高效。创新的商业应用模式促使产业新业态不断涌现。

---

① 李颋. 新垄断势力悄然兴起. 中国电子报,2012-08-03（3）

三、全球新一代信息技术产业重点领域的发展情况

（一）网络信息基础设施建设

网络信息基础设施建设犹如公路系统由国道、省道、辅道等组建而成，是经济发展的基础，网络信息基础设施就是实现通信发展、互联网发展、大数据、云计算等一系列新兴产业和技术的基石。各国对网络信息基础设施建设非常重视。家庭互联网接入数据显示，2005年18.4%的家庭接入互联网，至2016年增长至52.3%，但仍然有47.7%的家庭没有接入互联网[1]。个人互联网使用数据显示，截至2016年底，全球人口中有47.1%应用互联网。分地区来看，家庭互联网接入比例最高的地区为欧洲，截至2016年已有84%的家庭接入互联网，在个人互联网使用中欧洲的比例仍位居首位。此外，从家庭互联网接入数和个人互联网使用数的增长速度来看，独联体地区名列前茅，其次为欧洲地区，依次为亚太地区和阿拉伯地区；增长速度最慢的地区为非洲，美洲亦表现欠佳。由此可知，截至2016年底，根据国际电信联盟数据，全球约有52.9%的人口（即39亿人口）还没有应用互联网了解这个世界。在经济发达的欧洲，互联网普及率位居世界前列，但仍然有20.9%的人口没有接触过互联网，经济欠发达的非洲，互联网普及率最低，其中74.9%的人对互联网一无所知。

根据国际电信联盟数据，全球固定电话用户数从2005年至2016年稳步降低，尤其从2010年至2016年下降趋势最为明显，从12.29亿户下降至10.13亿户；其中发展中国家2005年至2008年固定电话用户数呈现增长趋势，但发达国家从2005年至2016年持续稳步下降。全球移动电话用户数无论是发展中国家还是发达国家均呈现出激增的态势，发达国家从2005年的9.92亿户快速增长至2016年的16亿户，而发展中国家则从2005年的12.13亿户暴增至2016年的57.77亿户。由此可见，移动信息科技的日益发展推动了移动电话的普及率。从宽带用户数的维度来看，全球移动

---

[1] 数据来源：国际电信联盟（International Telecommunication Union，ITU）

宽带用户数表现出了迅猛的增长趋势，从 2007 年的 2.68 亿户增长至 2016 年的 36.54 亿户，其中发达国家从 2.25 亿户增长至 11.40 亿户，发展中国家从 2007 年的 0.43 亿户增长至 25.13 亿户，不难发现，发展中国家在移动宽带用户数的迅猛增长中起到了关键的拉动作用。固定宽带用户数亦呈现出增长的趋势，但是增长速度不及移动宽带用户数。全球固定宽带用户数从 2005 年的 2.20 亿户增长至 2016 年的 8.84 亿户，其中发达国家从 1.48 亿户增长至 3.80 亿户，发展中国家从 0.71 亿户增长至 5.04 亿户[①]。

根据国际电信联盟数据展现的全球固定电话、移动电话、固定宽带及移动宽带的用户数的发展趋势，结合目前移动终端技术设备的持续创新发展，以及移动应用程序等的推陈出新及便民创新都将推动移动互联网在全球的发展的情况，网络设施基础建设作为新一代信息技术产业发展的基石必然要夯实。2016 年，通信运营商增加了无线通信资本支出，2015 年，中国、日本以及美国在全球通信服务提供商资本支出中的占有率均为 48%，德国、加拿大、英国均为 3%，意大利、法国、印度、巴西、澳大利亚、俄罗斯、韩国以及墨西哥均为 2%，西班牙为 1%。2015 年，2G（the second-generation cellular technology，第二代移动通信技术）、3G（the third generation of wireless mobile telecommunications technology，第三代移动通信技术）和 4G（the fourth generation of broadband cellular network technology，第四代移动通信技术）无线基础设施营收维持在 650 亿美元左右。2016 年预计还将维持该状态，主要是由于宏观蜂窝无线接入网和移动核心网络投资的减少。从 2017 年至 2020 年，无线基础设施营收预计将以-1%的复合年均增长率下滑，在 2020 年缩小至 610 亿美元。电信运营商在无线网络资本投入方面也做出了相应的发展计划。沃达丰集团表示，在完成了 Project Spring（春天项目）投资项目之后，相比 2015 年，2016 年的投资总额有所下滑；4G 和光纤网络成为集团主要关注领域。2016 年，Verizon（威瑞森）资本支出将维持在 172 亿美元至 177 亿美元之间。Verizon 将对网络容量和网络优化进行投资。美国电信企业计划在 2016 年展开 5G（the fifth generation of cellular mobile communications，

---

① 数据来源：国际电信联盟

第五代移动通信技术）试点项目。2015 年，Verizon 为了未来的网络容量而对频谱牌照和电信基础设施投入了近 280 亿美元的资金。受 LTE（long term evolution，长期演进）网络部署的影响，2015 年 Verizon 资本支出达到了 178 亿美元（增长 3.4%）。Verizon 无线网络支出达到 117 亿美元。2016 年，沃达丰印度公司预计将在印度谨慎地进行 4G 基础设施的投入。印度领先的电信运营商巴蒂电信在印度的资本支出预计达到 22 亿美元。巴蒂电信在印度、非洲以及南亚的资本支出总额预计达到 30 亿美元。在 2016 年之后的三年内，巴蒂电信计划在印度投入 6 000 亿卢比。

IDC 数据显示，2015 年全球服务器出货量达到 970 万台，相比 2014 年增长 4.9%。2015 年全球服务器市场规模为 551 亿美元，相比 2014 年增长了 8%[1]，但是 2016 年全球服务器市场却出现了低迷的情况，2016 年第一季度全球服务器销售额同比下降 2.3%，出货量维持在 1.7%的低水平增长。西欧市场销售额和出货量分别增长 1.5%和 1.4%；北美市场出口量增长 1%，但销售额却比 2015 年同期下降了 5.9%，表现均较为低迷。只有亚太地区表现最为抢眼，销售额和出货量分别增长了 9.7%和 8.4%[2]。2016 年第二季度服务器出货量增长 2%，但全球服务器收入同比下滑了 0.8%。第三季度全球服务器营收及出货量状况仍然堪忧，营收同比下降 5.8%，出货量下降 2.6%。与 2015 年同期相比，2016 年第三季度批量出货的系统收入和中端系统收入分别下滑 4.9%和 4.1%，为 103 亿美元和 11 亿美元。该季度不同企业领域的服务器需求出现疲软。与此同时，2016 年第三季度高端系统收入同比减少 25%至 11 亿美元[3]。IDC 预测，高端系统收入将会持续下降。2016 年第四季度全球服务器收入同比减少 1.9%，出货量同比减少 0.6%。从区域角度来看，亚太是 2016 年第四季度唯一一个出货量和收入都实现正增长的地区，所有其他地区都在下滑。拉丁美洲出货量下滑幅度最大，为 12.2%，中东和非洲的收入下滑 14.7%。从 2016 年全年来看，全球服务器出货量增加 0.1%，收入减少了 2.7%。

---

[1] 数据来源：IDC
[2] 数据来源：Gartner
[3] 数据来源：Gartner

（二）物联网

物联网（internet of things，IoT），就是"万物相连的互联网"，是通过各类传感装置、射频识别（radio frequency identification，RFID）技术、视频识别技术、红外感应、全球定位系统、激光扫描器等信息传感设备，按约定的协议，根据需要实现物品互联互通的网相连接，进行信息交换和通信，以实现智能化识别、定位、跟踪、监控和管理的智能网络系统。物联网继个人计算机、互联网和移动通信网后被誉为第三次全球信息化的产业浪潮。美国麻省理工学院的 Kevin Ashton 教授首次提出了物联网的概念。2005 年国际电信联盟（International Telecommunication Union，ITU）发布的《国际电信联盟互联网报告 2005：物联网》正式提出了物联网的概念，并对其范围进行了扩展，技术拓展到 RFID 之外。2009 年美国政府将物联网列为振兴美国经济的两大重点之一。同年，欧盟提出了"e-Europe"物联网行动计划，欧洲物联网研究项目工作组在欧盟资助下制定了《欧洲物联网战略研究路线图》等意见书，提出了加快物联网产业发展的战略性举措。2009 年，我国总理温家宝在视察中科院无锡物联网产业研究所时，提出了建设"感知中国"中心，物联网被正式列为国家五大新型战略性产业之一。

从国际上看，美国、欧盟、日本等国家和地区都十分重视物联网的工作，并且已做了大量研究开发和应用工作。如美国把它当成重振经济的法宝，所以非常重视物联网和互联网的发展，它的核心是利用信息和通信技术（information and communication technology，ICT）来改变美国未来产业发展模式和结构（金融、制造、消费和服务等），改变政府、企业和人们的交互方式，以提高效率、灵活性和响应速度，把 ICT 技术充分用到各行各业，将感应器嵌入到全球每个角落，并利用网络和设备收集的大量数据通过云计算、数据仓库和人工智能技术分析给出解决方案。目前已经出现的物联网形式有企业专用的无线传感网，有基于公众通信网络的机器对机器（machine to machine，M2M）网络，还有 RFID 类的短距离识别网络；物联网的应用形式也很多，例如高速公路不停车电子收费系统、奥运门票销售与检验系统，以及零售 RFID/条形码、车辆调度系统、电子收费系统、无线POS（point of sale，销售终端）机系统、自动化生产系统、各种物流管理和安防系统等。而且，应用的种类还在迅速增加，把人类智慧赋予万物，赋予地球。他们提出"智慧地球、物联网和云计算"就是美国要成为新一轮IT技术革命的领头羊的证明。从全球物联网行业的企业来看，2015年物联网行业全球公司排名前20名中有15名来自美国。由此可见美国政府和企业对物联网的重视程度及其在技术上的领先优势。欧盟专家讲，欧盟发展物联网先于美国，确实欧盟围绕物联网技术和应用做了不少创新性工作。《物联网——欧洲行动计划》（Internet of Things—An Action Plan for Europe）其目的也是企图在"物联网"的发展上引领世界。在欧盟较为活跃的是各大运营商和设备制造商，他们推动了M2M的技术和服务的发展。

目前，全球物联网产业正处于快速发展阶段，未来几年，全球物联网产业市场将呈现快速的发展态势，物联网产业已经开始成为全球运营商的重要收入来源，分析公司Berg Insight在其最新公布的研究报告中指出，2016年移动运营商的物联网收入达到110亿欧元。据无线技术世界暨物联网国际高峰会议预测，到2020年，世界上"物物互联"的业务跟"人与人通信"的业务之间的比例将达到30∶1[1]，"物联网"被认为是下一个万亿美元级的通信业务。2015年全球物联网市场规模达到624亿美元，同比增长29%[2]。

物联网是新兴技术产业和新的经济增长点，各个国家和地区竞争日趋激烈。西方国家和地区先后出台相关政策和战略布局，意图抢抓新一轮信息技术产业的发展先机。美国已将物联网上升为国家创新战略的重点之一。美国加大对智慧城市领域物联网技术研发的资金支持，在"智慧城市"国家计划中，通过国家科学基金会（National Science Foundation，NSF）和国家标准和技术研究院（National Institute of Standards and Technology，NIST）分别向全美国学术机构提供3 500万美元和1 000万美元以加强基础技术研发，并通过国土安全部、交通部、能源部、商业部等

---

[1] 数据来源：美国咨询机构Forrester Research（弗雷斯特研究公司）
[2] 数据来源：IC Insights

政府相关部门投入 4 500 万美元，支持安全、能源、气候应对、交通等领域的应用技术研发。美国相关物联网方面的支出将从 2016 年的 2 320 亿美元以复合年增长率 15.45%的速度增长至 2019 年的 3 570 亿美元[①]。此外，为了保持美国在物联网发展中的领先地位，2016 年美国参议院商业委员会批准通过成立工作委员会为美国政府推动物联网创新提供顶层框架设计、创新建议和为推动物联网发展制定频谱规划。美国政府还与高等院校合作，推动智能传感器、数据分析和系统控制的研发部署和应用。欧盟正在尝试以"由外及内"的方式实施开环物联网新策略。2015 年，欧盟重新构建了物联网创新联盟，2016 年又组建了物联网创新平台，希望构建一个蓬勃可持续发展的欧盟物联网生态系统。2009 年颁布《物联网——欧洲行动计划》，并于 2015 年成立物联网创新联盟。欧盟还通过"地平线 2020"研发计划在物联网领域投入近 2 亿欧元，建设连接智能对象的物联网平台，开展物联网水平行动，推动物联网继承和平台研究创新。此外，还投入 5 000 万欧元，以"四横七纵"体系框架协同推进欧盟物联网整体跨越式创新发展。其中四横指项目设置、价值链重塑、标准化、政策导向四大横向基础支撑；七纵指家居、农业、可穿戴、智慧城市、交通、环保和制造七大行业纵深领域。日本的"u-Japan"计划将物联网作为四项重点战略领域之一，除"u-Japan"计划外还有"e-Japan"计划和"i-Japan"计划。2016 年日本物联网市场规模达到 62 000 亿日元，到 2020 年或将达到 138 000 亿日元[②]。在日本总务省和经济产业省指导下，由 2 000 多家日本国内及国外企业组成的"物联网推进联盟"与美国工业互联网联盟、德国工业 4.0 平台签署了合作备忘录，企图联合推进物联网标准化合作。此外，韩国 2004 年提出"IT839"战略和"u-Korea"战略，并于 2009 年提出"物联网基础设施构建基本规划"等。新加坡的"下一代 I-Hub"计划、中国台湾地区的"u-Taiwan"计划等将物联网作为三大基础建设重点之一。

各个国家和地区均在物联网领域开展布局并积极推进其在工业、农

---

① 数据来源：根据 Gartner 的物联网设备出货量数据计算得到
② 数据来源：IDC Japan

业、服务业等领域的渗透。越来越多的设备接入物联网，目前全球物联网设备数量或已达到 64 亿台[①]。BI（商业智能，Business Intelligence）曾预计，截至 2018 年物联网设备数量将超过 PC（personal computer，个人计算机）、平板电脑和智能手机存量的综合，其中，消费型可穿戴设备将独领风骚，应用于运动健身、休闲娱乐、医疗健康、远程监控、身份认证等领域的眼镜、跑鞋、手表、手环等将广泛被人们使用[②]。全世界都将助推物联网第三次全球信息化的产业的浪潮。

（三）集成电路

全球半导体市场具有周期性变化规律。2011 年、2012 年，全球半导体市场因受欧债危机、美国量化宽松货币政策、日本地震以及终端电子产品需求下滑影响，销售增速下降。近几年，虽然传统 PC 业务进一步萎缩，智能终端市场需求逐步放缓，但是面向以云计算、大数据、新能源、工业互联网为主的新兴应用领域的需求却呈现爆发式增长，全球半导体市场处于逐步恢复过程中。全球半导体销售规模继 2014 年冲高之后，接下来两年连续处于徘徊期，只有小幅上涨。据美国半导体协会（Semiconductor Industry Association，SIA）统计，2016 年，全球半导体产业销售规模达到 3 389.3 亿美元，相较 2015 年小幅增加 1.1%。若从地区来看，2016 年，中国销售额以 9.2% 领先于其他市场，日本则为 3.8%，至于亚太与其他地区（-1.7%）、欧洲（-4.5%）及美洲（-4.7%）都出现衰退。

作为半导体行业核心部分，集成电路 2016 年销售额为 2 766.98 亿美元，占全球半导体销售额的 81.6%，销售额与 2015 年相比上升 8%。从集成电路的分类产品来看，2016 年，逻辑器件的销售额仍然最高，为 914.98 亿美元，与 2015 年相比上浮 0.8%；模拟器件 478.48 亿美元，年增长率最高，达到 5.8%；微电子组件销售额 605.85 亿美元，较 2015 年下降 1.2%；记忆体销售额 767.67 亿美元，较 2015 年衰退 0.6%。

集成电路在近半个世纪里获得快速发展，且产业分工逐渐细化。现阶

---

① 数据来源：Gartner
② 数据来源：BI

段，专业化分工逐渐取代了集成器件制造（integrated device manufacture，IDM）为主的传统产业链模式，逐步形成了独立的芯片设计、晶圆制造、封装测试三环节，并形成了新的产业模式——垂直分工模式。近年来，由于研发成本以及制造生产线投资成本的大幅度上涨，大多数 IDM 厂商开始采用轻晶圆制造模式（即将晶圆委托晶圆制造代工企业厂商制造），甚至直接变成独立的芯片设计企业，如超微、恩智浦和瑞萨等。垂直分工已成为半导体行业经营模式的发展方向。

从地区来看，现在全球的集成电路产业已经呈现明显的聚集发展态势，形成了美国、日本、欧洲和亚太地区为主的产业聚集群，此外，以色列和印度等国也都具备了一定的发展基础。

2016 年，集成电路领域兼并收购现象加剧，交易总金额突破 1 200 亿美元，诸如高通收购恩智浦、软银收购 ARM（安谋科技）这样的重量级并购交易频频发生，强强联合、跨界融合。当前，集成电路产业正处于关键改革期，兼并收购也已经成为全球集成电路行业的一大趋势。

（四）大数据

美国是全球大数据产业的发源地，也是全球大数据产业的中心，当前美国经济正在朝数据密集型经济和以数据为中心的经济转型，大数据在美国已进入大规模商用阶段，美国是全球发展大数据产业最成功的国家。

一是传统 ICT 企业是主力军。美国始终走在计算机、网络技术创新的前沿，并拥有大批掌握先进技术的商业巨头［如谷歌、思科、惠普、Facebook（脸书）等］，这些企业拥有世界领先的技术水平和超强的资本实力。在大数据这一概念还未被人们熟知的时候，美国这些信息领域的商业巨头早已进入这一领域来探索和挖掘其蕴含的无限价值。因此，当全球大数据炒得如火如荼的时候，这些科技巨头们早已在大数据领域有了大量的技术积累和实践应用的经验。毫无疑问这使得美国迅速抢占了大数据领域的霸主地位，可以说这些企业不仅是大数据时代的领先者，也是大数据时代的推动者。

IBM（International Business Machines Corporation，国际商业机器公司）这个蓝色巨人自然也不会放过大数据这块肥肉，现在它是全球最大的信息技术和业务解决方案公司。自 2005 年以来，IBM 出资 160 亿美元收购了超过 30 家大数据企业。作为全球知名的电商，亚马逊拥有海量的数据资源。对于这笔宝贵的财富，亚马逊自然没有浪费。通过对用户数据的多方位采集与深度挖掘，完成精准的营销；亚马逊还研究买家的数据，帮助商家进行数据分析和挖掘，提升其销售额；亚马逊涉足的广告网络服务正是另一项运用网络大数据技术的集中体现。EMC（易安信）数据存储专家、资深产品经理李君鹏说："EMC 不希望仅作为一个存储厂商的角色在处理大数据领域发挥作用，而是希望成为大数据基础平台的领导者。" EMC 在 2010 年收购了大数据平台方面技术领先的 Greenplum 来增强其在大数据平台领域的实力。Google（谷歌）已被视为大数据时代的开拓者之一，Google 的大数据技术架构已成为大数据行业的技术标杆，成为全球相关企业竞相学习和研究的对象。

二是初创企业成为生力军。近几年，与大数据概念有关的创业公司如雨后春笋般涌现出来。大数据的基础技术 Hadoop 属于开源项目，为初创企业提供了一个良好技术创新平台，这使得拥有技术优势的初创企业得以顺利进入大数据领域。由于大数据具有良好的市场前景和巨大的潜在商业价值，美国的各大风投企业也都看好这一领域，积极注资，为初创企业解决了资金的困扰。

美国聚集了世界上最优秀的技术人才，这些人才大多来源于美国顶级的科技公司和知名的高校，而正是这些技术人才成了初创企业的主力军。美国开放、自由的学术环境，高校中顶级的科研平台，也为大数据技术的发展贡献了力量。与此同时美国的高校也自然成为大数据技术转移的主要渠道，很多高校和实验室的科研人员通过技术转移的形式创建大数据企业。正是这些初创企业成为美国大数据不断发展的全新动力。

三是产业链基本形成。从目前美国大数据产业的发展情况来看，美国的大数据产业已基本形成了完备的大数据产业链。美国大数据技术产业呈现出多元化的发展趋势，围绕大数据的相关技术已形成从大数据收集、存储、处理，到大数据分析、应用的完整的产业链条。从企业分布来看，初创企业数量众多，遍布大数据的各个领域，传统技术领先企业不断创新巩固其技术优势，拓展其业务范围，成为各个大数据领域的领军者。当前美国大数据产业基础技术已经成熟,目前产业重心已经逐渐上移,且在应用领域还有广阔发展空间以及待挖掘的巨大潜在价值,作为全球大数据产业的领航者的美国大数据产业未来还有进一步成长的空间。

四是重视数据的社会传统。美国拥有应用数据和重视数据的历史传统。自美国南北战争之后,美国的执政者就以人口普查为基础,构建了用数据分析的方法。无论是霍尔瑞斯的发明、国际商业机器公司的崛起,还是第一台商用计算机的出现,都离不开美国人口普查产生的庞大数据。多数的美国的政客从数据中看出了端倪,他们认识到要想获得选举的胜利、获得项目的拨款等都离不开数据,不仅如此,美国政府在对数据的逐渐摸索中发现了其在国家治理和社会发展中的重要作用,而正是在美国政府的主导下一股数据的浪潮被掀起。

进入互联网时代,美国的企业走到技术和发展的前沿,也正是基于美国重视数据的历史传统,美国一些企业敏锐地嗅到了信息时代数据所蕴含的巨大价值,因此在大数据时代来临之前就早有准备。最早关于大数据的故事发生在美国第二大超市塔吉特百货。塔吉特的顾客数据分析部门发现了孕妇的购买习惯,由此塔吉特制订了全新的营销方案,结果孕期用品销售呈现了爆炸性的增长。2002 年到 2010 年间,塔吉特的销售额从 440 亿美元增长到了 670 亿美元,大数据的巨大威力轰动了全美。著名的"啤酒与尿布"的案例,已经成为大数据分析中的最典型的案例,该案例正是沃尔玛利用大数据进行分析,发现顾客购物习惯中的内在联系,实现精准营销的成功案例。世界最大的英文搜索引擎 Google 拥有海量的数据资源,而 Google 最著名的大数据应用案例就是利用这些数据资源在 2009 年流感爆发的时候,通过对人们输入词条的分析,挖掘出了有效及时的指示标,这比通过层层收集的官方数据精准得多。

五是对大数据的庞大需求。信息时代数据呈现爆炸式的增长。数据广泛存在于包括网络、通信、金融、医疗、服务、政府、教育等在内的各个关键领域。面对这些海量的数据,如何使其发挥出潜在的价值也是各个领域的迫切之需,也正是这种对大数据利用的迫切需求开启了大数据的时代之门。最先是电子商务平台及美国的电商巨头亚马逊、ebay 拥有数以亿计的在线客户,迫切需要对其交易平台产生的这些大量数据进行有效分析利用。网络社交平台 Twitter、MSN、Facebook、LinkedIn 每天也会产生海量的在线数据，如何应用和处理这些数据是其所面临的首要问题。此外，金融、医疗、电信等海量数据的聚集地也是大数据产业需求中重要的一环。

（五）人工智能

新一代信息技术产业中人工智能的发展一直夺人眼球，尤其是 2017 年 3 月 9 日至 3 月 15 日 Google 旗下的 Deepmind 开发的人工智能 AlphaGo 大比分战胜韩国围棋高手李世石后，人工智能毫无疑问让人们刮目相看。人工智能从 20 世纪 40 年代开始发展至今，经受了诸多考验，计算机性能的瓶颈、计算复杂性的增长、数据量不足、研发经费不足等都给人工智能的发展增添了羁绊。但是，随着计算机技术的不断发展，人工智能企业和投融资等均给人工智能提供了良好的发展机遇。世界各国对人工智能均十分重视，并且注重对人工智能技术创新和传播的布局，以提升国际竞争力，试图在这场人工智能角逐战场上占领制高点。

美国是人工智能发展较早的国家，也是人工智能发展较快的国家，对人工智能在国家发展战略中的地位十分重视，从 2010 年开始就在军事、医疗、航空航天等领域大力推广人工智能的应用。美国国防高级研究计划局提出"保持美国技术在全球的领先地位，防止潜在的对手意想不到的超越"，人工智能领域是美国技术领先的关注重点之一。美国在政府层面给予人工智能发展诸多指导规划，并成立相应的监督发展组织，促进其人工智能的不断进步。2015 年，美国国防高级研究计划局将"太空机器人、自主人工智能到地外生命及神经科学"列为未来技术论坛的讨论主题。同年，美国颁布的《美国国家创新战略》中的精密医疗、卫生保健、大脑计划、先进汽车、智慧城市、清洁能源与节能技术、教育技术、太空探索和高性能计算等均涉及人工智能。例如，在智慧交通方面，将互联网技术与汽车技术相结合，布置研发网联自动驾驶车辆等。美国智库战略与国际研究中心（Center for Strategic and International Studies，CSIS）发布的《国防 2045：为国防政策制定者评估未来的安全环境及影响》报告中将包括人工智能在内的 5 项先进及新兴技术作为未来 30 年发展的重点。2016

年，美国还成立了机器人学习与人工智能分委会，其主要职责即针对美国人工智能发展提出相关技术和政策建议，并监督、督促和协调各个行业、研究机构院所以及政府的人工智能开发工作。与此同时还编制了《为人工智能的未来做好准备》；此外还发布了《人工智能、自动化与经济报告》；网络与信息技术研究发展分委会还编写了《国家人工智能研究与发展战略计划》。这三份报告和计划力求使美国能够在人工智能如火如荼的发展过程中掌控主动性和预见性。2016 年由美国数百位专家共同编制的《2016 美国机器人发展路线图：从互联网到机器人》规范详细地描述了美国机器人的发展路线；其内容不仅包含了自动驾驶汽车、医疗保健、家庭陪伴机器人、制造业人工智能等诸多人工智能的发展领域，还包含了备受关注的人工智能发展带来的社会伦理道德问题。

人工智能发展较快的欧盟地区在 2009 年开启了"蓝脑计划"；2013 年又启动了"人脑计划"；2016 年 3 月又公布神经信息平台、大脑模拟平台、重建并模拟大脑、高性能计算平台、医学信息平台、神经形态计算平台、神经机器人平台等 6 大平台，加强神经科学、医学和计算机学的合作，促进人工智能的发展。目前公投"脱欧"的英国，对人工智能应用在道德伦理、社会法制等方面的影响十分重视，并发布了《英国人工智能的未来监管措施与目标概述》，力求在最大限度地应用科技进步给社会带来的效益的同时，也最小化人工智能给社会带来的伦理道德和法律方面的威胁。人工智能的发展可能导致的社会和伦理道德问题也得到了联合国的关注。2016 年，联合国教科文组织和世界科学知识与技术伦理委员会共同发布的报告中就指出了人工智能发展可能导致的隐私、诚信、自主等方面的问题。

日本被誉为"机器人超级大国"，由于日本社会老龄化进一步加剧以及经济增长缓慢，日本非常明确人工智能在未来的战略发展地位，试图通过人工智能的发展弥补生产力短缺并提高生产效率。日本在 2015 年发布了《机器人新战略》，政府部门与人工智能企业在未来 10 年将机器人计划作为关键点，并且投入大量资金支持日本人工智能的发展。《机器人新战略》中明确提出了在未使用过机器人的领域运用人工智能技术进行突破；在制造业、服务业、医疗和护理业、基础设施、灾难响应和建筑行业、农林渔和食品等关键领域应用人工智能技术。日本对人工智能发展过程中可能导致的社会道德伦理问题也十分关注。例如，对机器人的应用就构建了中心数据基地来储存机器人对人类造成伤害的报告，并对机器人的应用过程制定了相应的管理法则。

从全球人工智能企业发展状况来看，2016年全球人工智能企业的数量数据显示，人工智能企业主要集中分布在美国、英国和中国等少数国家；其中，美国人工智能企业高达2 905家，中国人工智能企业数为709家，英国人工智能企业数为366家，三国的人工智能企业数量占世界人工智能企业总量的65.73%。从人工智能发展历程来看，从1980年至2004年全球人工智能企业增长速度缓慢，每年企业增长数量不超过100家；从2004年开始至今，世界人工智能新增企业数量增长迅速，尤其是2014年新增企业超过700家。

从全球人工智能企业融资规模来看，人工智能企业数量名列前茅的三个国家（美国、中国和英国）在融资方面也居于领先地位；尤其是美国，2016年人工智能企业融资高达179.12亿美元，其次为中国25.72亿美元，最后为英国8.16亿美元；可见美国人工智能企业融资量约是中国的7倍，更是英国的22倍。不难发现，人工智能投融资的前三甲的投资规模有很大差距。世界人工智能领域的投资机构分布情况与企业数量和融资规模的排序情况大体相同，仍然是美国以拥有900家人工智能投资机构遥遥领先，而英国的投资机构数量以96家位居第二位，我国以43家人工智能投资机构位于第三位。Venture Scanner追踪分析的1 485家人工智能公司在2016年融资89亿美元；其中深度学习/机器学习应用领域的436家企业融资高达36亿美元；深度学习/机器学习平台融资高达10亿美元；自然语言处理和智能机器人领域融资额均为11亿美元；计算机视觉/图像识别（应用）的176家企业融资6.44亿美元；计算机视觉/图像识别（平台）的166家企业融资7.99亿美元。

根据全球专利数据库的数据，全球人工智能专利累积数量排名前三的国家分别为美国、中国和日本，第四位为英国；分别为26 891件、15 745件、14 604件和4 386件。虽然在人工智能专利累计数量上我国与美国有一定的差距，但从2012年开始，我国人工智能专利申请书和人工智能专利授权数已经超越美国，与 2001 年相比我国人工智能专利申请书和授权数激增，增长近 40 倍，美国则保持稳定的增长速度。全球人工智能专利的细化领域占比最高的为机器人，其次为语言识别、神经网络和图像识别，分别占据 32.5%、20.8%、20.7%和 9.0%。

第二章 我国新一代信息技术产业分析

一、我国新一代信息技术产业的现状

（一）政府深化规划制定与实施，促进新一代信息技术产业健康发展

2015~2017年是我国电子信息领域顶层战略集中出台的三年，以《国家信息化发展战略纲要》、《国家创新驱动发展战略纲要》和《国务院关于积极推进"互联网+"行动的指导意见》为引领，中共中央、国务院先后出台了30余项与电子信息领域密切相关的政策文件，从电子信息领域整体发展、创新环境保障，到各项具体发展战略，全方位布局电子信息领域的发展，为电子信息领域发展提供了战略支撑和引领。《"十三五"国家战略性新兴产业发展规划》的出台更是为"十三五"期间我国战略新兴产业的发展提供了战略指导。国家发展和改革委员会（以下简称国家发改委）、工业和信息化部（以下简称工信部）等相关部委也相继出台多项政策规划、重大工程、试点示范、创新平台，积极推动国家战略的落地实施，为电子信息领域的快速、健康发展提供支撑和保障。以北京、上海、广东为引领的各级地方政府，积极落实国家相关部署、配套相关政策和行动，依据区域特色，因地制宜、优化地方发展环境，积极培育电子信息技术的科技创新与市场发展环境。总体来看，我国电子信息领域已形成从顶层规划到落地实施、从专项规划到全局发展、从试点示范到举国发展的创新政策环境体系，以战略为引领，为我国电子信息领域健康、快速发展，

推动我国成为网络强国、科技强国提供了最强大的支撑和保障。

(二)全球经济放缓的背景下,我国电子信息市场逆势增长

目前,我国新一代信息技术领域的硬件、软件、内容和服务的创新步伐不断加快,融合化、智能化、应用化特征突出,成为引领新一轮技术创新浪潮的重要动力。总体来说,新一代信息技术产业发展势头强劲,有力促进了我国电子信息产业规模增长和结构优化。

我国工信部统计数据显示,2016年我国电子信息产业全年销售总规模达到17万亿元,是2012年的1.55倍,年均增速达到11.6%;2016年电子信息产业利润总额达到1.3万亿美元,是2012年的1.89倍,年均增速17.3%。其中电子信息制造业2016年实现主营业务收入12.2万亿元,增长9.5%;软件和信息技术服务业实现收入4.9万亿元,增长18.9%。软件和信息技术服务业的比重持续提高,从一个侧面反映出我国电子信息产业的结构正逐步优化。中国信息通信研究院的研究显示,2016年我国大数据市场规模达168亿元,预计2020年将达578亿元;2016年我国物联网产业应用市场规模达到9500亿元,较2015年增长26.67%,2017年市场规模突破万亿元,2020年预计能够达到25 000亿元;2016年我国手机出货量为5.60亿部,相比2015年取得8%的增长率;随着人工智能在移动互联网、智能家居、智能客服等领域的规模应用,我国人工智能产业规模持续快速增长,2016年我国人工智能市场规模达95.6亿元。

就区域发展而言,新一代信息技术产业的集聚趋势明显,已形成区域发展格局。"十二五"以来,为促进电子信息技术发展,各地区通过积极的政策引导,已经形成多个各具特点的产业集聚区,如京津形成了新一代信息技术装备、软件平台、应用服务等产业集聚地;以上海、杭州等城市为中心的长三角地区形成了以云计算基础设施、移动电子商务为代表的产业集聚区域;珠三角形成了物联网创新活力强劲的产业集聚区。此外,一些中西部地区也积极推进信息技术产业的谋篇布局。成都、重庆、西安等地形成了信息化应用、元器件制造以及研发等产业集聚区域。

（三）部分领域实现技术领跑，大数据、人工智能成为实现技术赶超的新窗口

近年来，随着我国互联网等高新技术企业的迅速发展，国内的互联网巨头拥有了较强的技术优势，并慢慢走出国门，在一定程度上能够与全球科技巨头进行抗争。高盛统计的数据显示，2014年以后，中国在涉及"深度学习"和"深度神经网络"方面的被引用的期刊论文数量已经超过美国，并特别指出中国已经拥有世界领先的语音和视觉识别技术和人工智能研究能力。百度于2015年11月发布的Deep Speech 2达到97%的正确率，被《麻省理工科技评论》评为2016年十大突破科技之一。世界超级计算大会上，无锡的"神威·太湖之光"超级计算机系统登顶榜单之首，成为世界上首台运算速度超过十亿亿次的超级计算机。虽然我国在量子传感和量子计算方面还较为落后，但在量子通信方面处于国际领先水平，2016年更是发射了全球首个量子通信卫星。另据《乌镇指数：全球人工智能发展报告（2016）》，我国虽然在人工智能技术整体上与美国存在着一定的差距，但近年来在人工智能企业数量、融资规模、专利申请数三个维度上的发展速度领先全球，尤其是在新增专利数上开始超越美国。同时，随着电子信息产业的技术创新步伐不断加快，技术和产品更替愈加频繁，为我国实现技术赶超打开了"机会窗口"；以大数据、人工智能、物联网为核心的新技术、新业态、新模式的加速涌现和融合发展，为增强我国技术创新能力和产业发展实力开辟了新的实现途径。以大数据为例，随着大数据时代的来临，大数据技术及其应用迅速发展，大数据技术以开源为主，尚未形成技术垄断，为我国实行技术的并跑和领跑提供了发展的新机遇，成为新的突破点。此外，我国大数据的天然优势和基础，以及大数据发展火热、应用广泛、产业体系的逐渐成熟，为大数据技术的不断突破创新提供了发展的土壤。

（四）技术标准体系逐步完善，国际话语权有所提升

技术标准是行业发展的基础，以主导国际标准为途径，获取竞争优势、制约竞争对手，已成为发达国家惯用的手段。在电子信息领域的国际

标准，一直都是由美国、欧洲为主的发达国家和地区主导，我国一直处于整体的被动局面。在国际标准竞争日趋激烈的形势下以及我国电子信息技术和市场快速发展的环境下，标准制定的重要性得到各界的充分重视，标准化体系建设稳步推进，并在一些领域逐步积累了创新优势。同时，积极参与电子信息领域国际标准和国际规则的制定，做强"中国标准"，加大力度实现国际标准的追赶和超越，已取得显著的成果。2014 年底，由中国等国家推动立项并重点参与的两项云计算国际标准——ISO/IEC17788: 2014《信息技术云计算概述和词汇》和 ISO/IEC17789: 2014《信息技术云计算参考架构》正式发布，这标志着云计算国际标准化工作进入了一个新阶段，为中国参与国际竞争赢得了更多的话语权。2016 年 6 月，由中国电信等国内单位发起制定的两项物联网标准"IEEE 1888.1（泛在绿色社区控制网络协议：控制和管理）"及"IEEE 1888.3（泛在绿色社区控制网络协议：安全）"成功转化为 ISO/IEC 国际标准，中国电信分别担任了这两个标准的主席和副主席职位；2016 年 9 月 3 日，国际标准组织 ISO/IEC JTC1 正式通过了由中国技术专家牵头提交的物联网参考架构国际标准项目，这是在全球新兴的热门技术领域，首次由中国牵头主导的顶层架构标准，表明中国正式掌握了物联网这一热门新兴领域的国际最高话语权。2016 年 6 月，在美国孟菲斯 ISO/IECJTC1/SC32"数据管理与交换"分技术委员会 2016 年全会上，中国代表团提交的大数据技术提案"SQL 对 MapReduce 及与之相关的流数据处理的支持"获得 SC32 全会决议通过，这是 29 年来中国首度在国际标准委员会独立提出技术提案并获通过，标志着我国大数据领域国际标准化工作取得重大突破。2016 年华为主推的极化码方案被国际无线标准化机构 3GPP 确定为 5G 增强移动宽带场景的控制信道编码方案，这是中国公司首次进入基础通信框架协议领域，加大了中国企业在全球通信领域的话语权。

二、我国新一代信息技术产业存在的问题

伴随移动互联网、智能终端、大数据和云计算等为代表的新一代信息

技术的"演化裂变",传统的电子信息产业正向新一代信息技术产业"代际变迁"。价值链关键环节的转移,制造、应用与服务加速融合以及创新商业模式的出现,既代表了技术和产业发展的新方向和新趋势,也内生性地推动着产业格局变革。为更好地把握信息技术发展的机遇,实现产业生态体系创新融合发展,须对存在的潜在风险保持清醒的认识。

（一）政策及规划协调性不足,交叉领域投入有待加强

新一代信息技术产业涉及材料、能源、交通、信息等多个产业的交叉领域,各政府主管部门往往只围绕各自的领域来部署发展方向和支持重点,导致新一代信息技术产业发展缺乏顶层设计和整体布局,相关的政策和规划也未能从全产业链协同发展的层面进行统筹考虑,造成投入相对分散、规划协调性不强、交叉领域投入不足等问题。这些关键共性问题,已成为我国新一代信息技术产业追赶国际先进水平步伐的阻碍。除加大交叉领域的投入外,新一代信息技术产业发展所需的财税政策、人才政策、进出口贸易政策以及相应的产业发展规划等保障机制也需进一步协调完善。

（二）共性科技研发支撑不足,融合发展难以突破瓶颈

共性技术是指在多个领域有着广泛的应用,能对多个产业发展产生深刻影响的技术,具有基础性、关联性、系统性等特点,是突破技术瓶颈、实现自主创新能力、提高国际竞争力的基础,是实现传统产业转型升级、培育新的产业业态、推动融合发展的核心动力。在共性技术的发展上,我国已建立了一定数量的共性研发机构和跨领域研发平台,但从整体上仍处于探索阶段,不足之处主要体现在资源整合利用能力差、协同创新动力不足、资金投入有限、共性研发平台数量和范围有限,高端创新人才短缺,规划体系不完善、保障机制不足等方面,整体上尚未形成良好的共性技术创新发展环境。这就导致我们难以打破关键技术的创新发展瓶颈,核心技术受制于人的问题仍然严峻。

（三）人才培养体系不完整，高端人才匮乏现象严重

新一代信息技术产业作为知识密集型的产业，人才和技术是其核心竞争力。由于我国在电子信息技术领域的教育起步相对较晚，专业人才相对匮乏。比如，以网络空间安全产业方向为例，网络空间安全产业的竞争不仅仅是技术和产品的竞争，更重要的是高素质安全人才的竞争，而我国在网络空间安全领域的人才结构不完善、规模不足，无法满足网络空间安全产业发展的需求。

（四）核心专利缺失，知识产权保护有待提升

我国新一代信息技术产业在关键技术研发方面虽取得了一定突破，但在自主创新方面仍有不足，其中，核心技术缺失、知识产权保护不足成为我国新一代信息技术产业实现并跑、领跑世界先进水平的严重障碍。我国具有自主知识产权的主导性国际标准仍然较少，大部分基础原型技术的知识产权受外商制约严重。以移动互联网领域为例，当前全球已形成苹果、谷歌和微软三大专利阵营体系，虽然我国移动互联网企业在手机外观设计方面的专利数量上占据优势，但是在芯片、射频等核心技术方面的专利仍显不足。2016年5月，华为对三星展开专利侵权起诉，这被认为是中国企业在国际知识产权大战中的首次"大动作"，而三星随即也提起了诉讼。不论结果如何，通过加强知识产权保护夺取生存发展的主动权，是新一代信息技术产业必须直面的问题。

（五）信息安全风险严峻，安全可控体系亟待形成

新一代信息技术创新和产业融合将带来日益严重的信息安全问题。随着新兴信息技术开源性、交融性和复杂性的不断提高，终端安全、核心网络安全以及内容安全等进一步延伸和扩展，过多依赖国外技术、产品和服务将使得我国面临的信息安全风险更为严峻。同时，尚未建立起安全可控的技术体系也使我国存在较大的信息安全隐患。

三、我国新一代信息技术产业的发展趋势

（一）信息技术泛在化、融合化、智能化趋势愈发明显

信息技术持续向泛在、融合、智能和绿色方向发展，多样性、开放性以及跨领域的技术创新不断涌现。这类技术创新有明显的特点，表现在：并非以某种主导技术为基础，而是在几乎所有信息技术领域都发生创新变革；并非终端、平台或应用的某一处创新，而是创新链或产业链的"集体行为"，是全球化的广泛过程。产业的融合发展日趋明显，为产业的转型升级奠定坚实的基础；产业链的垂直整合，促使网络产业的组织形态与方式发生变革；移动互联网、云计算等不断引领商业模式的创新、新产业业态的形成，电子信息领域面临新一轮"洗牌"，技术和产业竞争将更加激烈。软件加速向开源化、智能化、网络化和服务化方向发展，推动信息技术体系全面迈入智能化阶段。

（二）信息领域前沿技术创新应用的红利持续释放

先进计算、高速互联、智能感知等核心技术加速了创新的步伐，感知、传输、存储、计算等关键环节的先进技术加速融合。单点创新与融合创新的不断持续演进，将促进我国互联网、云计算、大数据、物联网、人工智能等重要领域的技术红利与应用红利不断叠加。同时，这些前沿领域技术的发展也为我国芯片、操作系统、数据库等基础软硬件的创新突破开辟了新方向。石墨烯、碳纳米管等新型材料，硅光子集成、光电子等新型器件，量子计算、高性能计算、认知计算等新型计算技术，未来网络、太空互联网、量子通信网络等网络新技术等实现颠覆性创新，推动新的技术变革与社会变革发展，同时孕育更为广阔的发展空间和机遇。

（三）数据驱动作用日益增强，人工智能技术与应用推动智能化时代到来

随着物联网、云计算、移动互联网等网络新技术的应用、发展与普

及，社会信息化进程进入数据时代，海量数据的产生与流转成为常态。数据资源和土地、劳动力、资本等生产要素一样，正日益对全球生产、流通、分配、消费活动以及经济运行机制、社会生活方式和国家治理能力产生重要影响，成为促进经济增长和社会发展的基本要素。未来随着大数据技术的不断突破、应用的不断深入，数据驱动作用将愈发明显，大数据带来的深刻影响和巨大价值也将逐渐显现。互联网、移动互联网、物联网产生的海量数据，以及云计算提供的计算能力，让现代社会对自动化、智能化的需求呈现井喷。随着技术的突破和计算能力的提升，人工智能将掀起新一轮发展的浪潮，人工智能将成为推动互联网下一轮升级和变革的核心引擎。人工智能技术应用在我国的需求和前景远大于欧美各国，未来我国将充分发挥需求优势、市场优势，发挥从 1 到 N 迭代创新与快速规模化、市场化的优势，紧抓人工智能技术从 0 到 1 探索和创造的先机，突破人工智能核心技术能力，打造资源和创新平台，实现总体技术和产业与国际同步发展化，打造中国化的"智能+"标签。

（四）网络空间主导权争夺愈演愈烈，以信息技术为抓手开拓网络空间安全新局面

当今世界，网络信息技术日新月异，全面融入社会生产生活，深刻改变着全球经济格局、利益格局和安全格局，网络空间已经成为继海洋、陆地、太空之外，各国和各种利益团体争抢的战场。世界各国都已将网络空间安全上升为国家战略，纷纷加快谋划和部署，国家间网络空间安全的竞争呈常态化。新一代信息技术的发展，推动了网络空间安全技术的逐步成熟、不断创新。安全操作系统、安全芯片等基础技术取得了一定进展，自主密码技术取得了较大突破，安全认证技术、可信计算技术取得了丰硕成果，扩展了网络空间安全技术发展的新空间。而移动互联网、大数据的技术应用的快速发展，开拓了网络空间安全的新局面。如，移动互联网领域成为网络空间安全的新战场，用户海量隐私信息汇聚云端，云安全技术及服务需求显著增长，移动互联网"云+端"的发展模式也为网络空间安全的发展带来了新的

机遇；大数据促进网络安全提升，大数据时代瓦解了传统的信息体系架构，其技术的研发将促进信息安全技术更上一个台阶，使信息安全监测更精细、更及时和更高效。

第三章　我国新一代信息技术产业重点领域发展现状

一、网络强国基础设施

随着新一代信息技术的不断发展,各国加强了对网络基础设施建设的重视程度。众所周知,若要一幢高楼能够拔地而起,其基础必须绝对牢固。网络基础设施建设是互联网、大数据、云计算、物联网等发展的地基。只有构建坚实牢固的网络基础设施才能使这些技术得到突飞猛进的发展。我国对新一代信息技术的发展十分重视,尤其对网络基础设施的建设更是十分关注。

(一)整体发展现状

电话用户规模持续增加,移动宽带用户占比提升。2016 年,全国电话用户净增 2 617 万户,总数达到 15.3 亿户,同比增长 1.7%。其中,移动电话用户净增 5 054 万户,总数达 13.2 亿户,移动电话用户普及率达 96.2 部/百人,比 2015 年提高 3.7 部/百人。全国共有 10 个省(自治区、直辖市)的移动电话普及率超过 100 部/百人,分别为北京、广东、上海、浙江、福建、宁夏、海南、江苏、辽宁和陕西。2016 年,固定电话用户总数为 2.07 亿户,比 2015 年减少 2 437 万户。在移动电话用户中,4G 用户占比接近 60%。2016 年,4G 用户数呈爆发式增长,全年新增 3.4 亿户,总数达到 7.7 亿户,在移动电话用户中的渗透率达到 58.2%。2G 移动电话用户减少 1.84 亿户，占移动电话用户的比重由 2015 年的 44.5%下降至 28.8%[①]。固定长途电话交换机容量和局用交换机容量相比 2015 年均有所下降，分别为 681 万路端和 23 234.7 万门。移动电话交换机容量相比 2015 年增加 7 317.8 万户，达到 218 383.5 万户。

移动宽带用户数从 2010 年的 4 705 万户增长至 2016 年的 94 075 万户，移动宽带占比也从 2010 年的 5.5%增长至 2016 年的 71.2%。从光纤接入用户的数据看，2016 年，三家基础电信企业固定互联网宽带接入用户净增 3 774 万户，总数达到 2.97 亿户。宽带城市建设继续推动光纤接入的普及，光纤接入用户净增 7 941 万户，总数达 2.28 亿户，占宽带用户总数的比重比 2015 年提高 19.5 个百分点，达到 76.6%。8M 以上、20M 以上宽带用户总数占宽带用户总数的比重分别达 91.0%、77.8%，比 2015 年提高 21.3 个百分点、46.6 个百分点[①]。接入网设备容量和互联网宽带接入端口与 2015 年相比分别增加了 110.5 万门和 11 408.3 万个，分别达到 18 547.0 万门和 69 028.6 万个。

网络基础设施建设日益完善，"光进铜退"趋势明显。2016 年，互联网宽带接入端口数量达到 6.9 亿个，比 2015 年净增 1.14 亿个，同比增长 19.8%。互联网宽带接入端口"光进铜退"趋势更加明显，数字用户线路端口比 2015 年减少 6 259 万个，总数降至 3 733 万个，占互联网接入端口的比重由 2015 年的 17.3%下降至 5.4%。光纤接入端口比 2015 年净增 1.81 亿个，达到 5.22 亿个，占互联网接入端口的比重由 2015 年的 59.2%提升至 75.6%[①]。移动通信设施建设步伐加快，移动基站规模创新高。2016 年，基础电信企业加快了移动网络建设，新增移动通信基站 92.6 万个，总数达 559 万个。较 2010 年有较大幅度提升，2010 年移动电话基站数净增 28.0 万个，但总数仅为 139.8 万个。3G/4G 基站数从 2010 年的 45.9 万个增长至 2016 年的 404.6 万个。其中，2016 年 4G 基站新增 86.1 万个，总数达到 263 万个，移动网络覆盖范围和服务能力继续提升。我国移动网设施不断完善，本地网光缆规模与增长均居于全球首位。2010 年我国光缆线路总长度仅为 996 万公里，截至 2016 年，光缆线

---

① 数据来源：中华人民共和国工业和信息化部

路总长度激增至3 041万公里，其每年的光缆线路净增长度也逐年增加，从2010年的167万公里增加到2016年的554万公里。整体来看，光缆线路保持较快的增长态势。长途光缆线路长度从2010年的82万公里缓慢增长至2016年的99万公里。本地网中继光缆线路长度从2010年至2015年增长较为快速和稳定，从535万公里增长至2015年的1 161万公里，但2016年有小幅度下降，2016年我国本地网中继光缆线路长度为1 043万公里。接入网光缆线路长度从2010年至2016年持续快速增长，从2010年的379万公里增长至2016年的1 899万公里，尤其是2015年至2016年这一年间，接入网光缆线路长度增长最迅速，从1 229万公里迅速增长至1 899万公里[1]（如图3-1所示）。全国新建光缆中，接入网光缆、本地网中继光缆和长途光缆线路所占比重分别为62.4%、34.3%和3.3%。其中长途光缆保持小幅扩容，同比增长3.5%，新建长途光缆长度达3.32万公里。此外，通信业固定资产投资完成额相比2015年同期累积增加14.6%，达到3 738.81亿元。

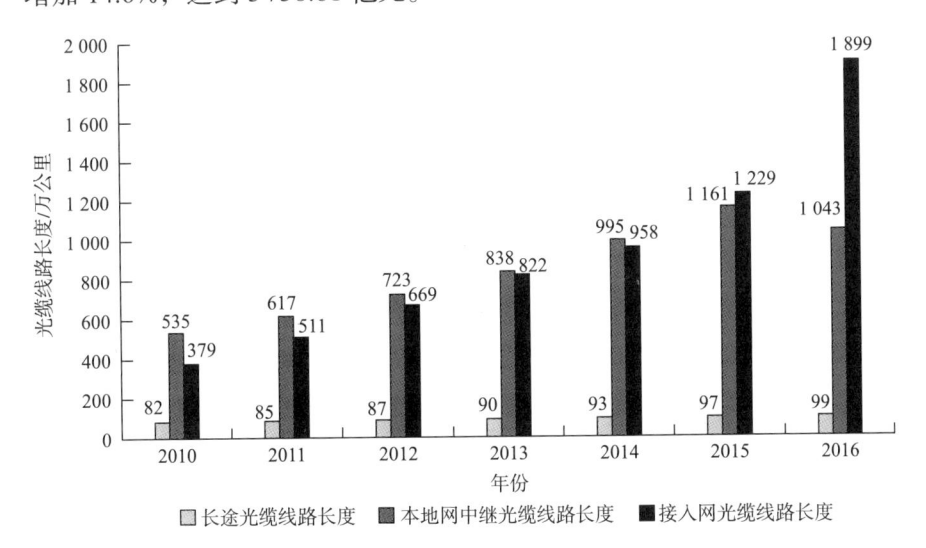

图3-1 2010~2016年各种光缆线路长度对比情况

服务器市场稳步增长，国产服务器竞争力优势日益凸显。随着国内云计算市场的进步发展和成熟，移动支付、线上到线下应用、社交网络等移

---

[1] 数据来源：中华人民共和国工业和信息化部

动互联快速扩张，带动中国服务器市场稳步增长。在新常态下，我国提出"互联网+"和《中国制造 2025》等国家战略，意在深入推进工业化与信息化的融合，优化我国经济结构，促进产业转型升级，这些战略的落实极大地拉动了电信与互联网、制造、电力、卫生、交通等行业市场对服务器的采购需求。我国服务器市场规模从 2012 年的 348.5 亿元增长至 2015 年的 498.2 亿元，2015 年较 2014 年增长高达 16.57%，预期 2020 年中国服务器销售额或达到 1 273.7 亿元[①]。2016 年，虽然全球服务器市场低迷，但是中国仍然持续了 2015 年的增长态势，表现十分突出，实现了销售额和出货量双双两位数的增长。Gartner 的数据显示，2016 年第一季度中国服务器市场整体出货量为 55.3 万台，同比增长 11%；整体销售额达到 21.2 亿美元，同比增长 12%。中国服务器市场表现优异归功于四路以上服务器产品的需求拉动，2016 年第一季度中国市场四路服务器的销量和销售额同比增长 16%和 17%。浪潮八路服务器以 30%的占有率位居中国市场第一位，四路服务器出货量达到 1.4 万台，居于全球市场的第一位。目前，中国服务器市场上出现了国产化的趋势，浪潮、联想、华为、曙光等国产品牌占据市场份额的 60%；在存储市场上，国产品牌占据了超过 50%的市场，与国际品牌分庭抗礼。随着技术的不断成熟，产品竞争力得到了增强，国产服务器竞争优势日益凸显。在服务器需求增长的市场中，国产服务器市场规模将继续呈现高速增长趋势。

（二）区域发展情况

根据互联网络发展统计报告，截至 2017 年 6 月，我国网民中农村人口占比 26.7%，规模为 2.01 亿人；城镇网民占比 73.3%，规模为 5.50 亿人，较 2016 年底增加 1988 万人，半年增幅为 3.7%。目前农村互联网普及率与城镇的差距仍然比较大。互联网普及接入层面，农村互联网普及率上升至 34%，但是低于城镇 35.4 个百分点。互联网应用层面，城乡网民在即时通信使用率方面差异最小，差异在 2 个百分点左右，但在商务交易类、支付、新闻资讯等应用使用率方面差异较大，其中网上外卖使

---

① 数据来源：中商产业研究院

用率差异最大,为 6.8%。

(三)存在的问题

农村互联网发展潜力依然较大,目前虽然取得了一定的成效,但是还存在着一些困难和问题,主要有以下几点。

一是偏远地区建设成本高。我国农村人口一般较为分散,建设成本相比城镇较高。特别是西部地区、边疆地区及山区农村,自然条件相对复杂,空间跨度较大,对资金投入要求更多,技术要求更高。虽然"宽带乡村"工程目前有国家、省市级财政资金的支持,但是对部分地区乡村的资金投入还不够。

二是共建共享难度大。农村电力杆路基本都已建好,为节约宽带建设成本,在大多数行政村,宽带通信线路需要与电力杆路共用杆线。但到目前为止,国家和省级政府都还未明确制定和出台电力和通信杆路的共享标准,因此在解决偏远地区"最后一公里"的问题上,还需要政府部门和通信运营企业更好的协调和沟通。

三是宽带应用加载不足。当前我国农村信息化应用程度普遍较低,缺乏信息化专业人才支撑,开发利用农业监测预警、电子政务、电子商务、远程医疗等信息化应用平台水平也不够。开发适合农村、农民的实用软件并推动一批信息化应用是当前急需解决的问题。

二、物联网产业

(一)整体发展情况

《中华人民共和国国民经济和社会发展第十三个五年规划纲要》明确提出"发展物联网开环应用"[①],未来物联网在中国将得到快速发展。物联网在中国迅速崛起得益于我国在物联网方面的几大优势,1999 年我国就启动了物联网核心传感网技术研究,研发水平处于世界前列;在世界传

---

① 中华人民共和国国民经济和社会发展第十三个五年规划纲要. 北京:人民出版社. 2016

感网领域，我国是标准主导国之一，专利拥有量很高。我国是能实现物联网完整产业链的国家之一。我国无线通信网络和宽带覆盖率高，为物联网的发展提供了坚实的基础设施支持；我国已经成为世界上第二大经济体，有较为雄厚的经济实力支持物联网发展。2012 年由重庆邮电大学研发的全球首款支持三大国际工业无线标准的物联网核心芯片——渝"芯"一号（uz/cy2420）在重庆正式发布，标志着我国在工业物联网技术领域达到了世界领先水平，为我国掌握物联网核心技术的竞争话语权奠定了坚实的基础，对加快推进工业化和信息化的深度融合具有重要意义。对物联网发展的重视促使高等教育对物联网人才培养也高度重视起来。2010 年 6 月 10 日，为进一步整合相关学科资源，推动相关学科跨越式发展，提升战略性新兴产业的人才培养与科学研究水平，服务物联网产业发展，江南大学信息工程学院和江南大学通信与控制工程学院合并组建成立"物联网工程学院"，这也是全国第一个物联网工程学院。由此可见，我国政府对物联网发展的重视。

我国政府部门除了在物联网人才培养方面给予高等院校支持外，还注重与企业联合共建中国物联网区块链框架，钩织中国万物互联的物联网体系。根据 Bitcoin Channel 报道，中华人民共和国工业和信息化部（简称工信部）将携手中国电商巨头阿里巴巴集团、跨国电信公司中兴、中国联通共同打造一个物联网区块链框架。

我国的物联网发展既具备了一些国际物联网发展的共性特征，也呈现出一些鲜明的中国特色和阶段特点。中国物联网各层面技术成熟度不同，传感器技术是攻关重点，而其也是物联网建设的底层基石。消费电子、移动终端、汽车电子、机器人、生物医疗等物联网领域应用创新对传感器提出了更高的要求，也给中国本土半导体企业带来了巨大的市场机遇。当前，国际科技巨头围绕物联网深入布局，构建"云端"综合解决方案。

2016 年世界物联网博览会在江苏无锡召开，正式提出了《2015~2016 年中国物联网发展年度报告》，该报告指出，2015 年全球物联网市场投资高达 7 万亿美元，得益于云应用和无线技术对互联网设备远程控制能力的增强，全球互联设备正呈现出指数级增长的态势，2015 年约为 40.88 亿台。从我国物联网产业发展规模来看，工信部的数据显示，截至 2015

年已经达到7 500亿元，与2009年相比增长5 800亿元，复合年增长率超过25%。在标准体系方面，我国制定了《物联网综合标准化体系指南》，梳理标准项目共计千余项，同时积极引领全球窄带物联网（Narrow Band Internet of Things，NB-IoT）标准的制定。例如，华为公司在3GPP国际标准化组织提出NB-IoT需求时，联合爱立信、高通等企业共同引领NB-IoT标准的制定，在2016年发布了这一标准。在物联网国际标准化组织中，我国已经获得30多项物联网相关标准组织的相关领导席位。另外，从我国物联网在全国各地区的分布来看，整体产业空间布局十分合理，我国物联网已经在环渤海、长三角、泛珠三角以及中西部地区四大区域形成了集聚发展格局，在无锡、重庆、杭州、福建等国家级物联网产业基地也做出了一定成绩，物联网发展较早的北京、上海、深圳等地的物联网产业园区建设蓬勃发展。从目前全球物联网发展的态势来看，我国物联网发展将面临诸多挑战，但祸兮福所倚，如果我国可以做好这次信息化发展浪潮的舵手，必然能在全球信息化进程中占领关键的一席之地。

（二）区域发展情况

物联网作为第三次信息产业浪潮如火如荼地在中国发展开来。美国于2000年通过传感网的概念将物联网提出。国际电信联盟于2005年对物联网的概念进行了拓展。早在2009年，温家宝总理发表了题为《让科技引领中国可持续发展》的讲话，明确指出"要着力突破传感网、物联网关键技术，及早部署后IP时代相关技术研发，使信息网络产业成为推动产业升级、迈向信息社会的'发动机'"[①]。经济发展领先的省（自治区、直辖市）必然率先展开物联网的推进工作。其中，北京、上海、天津、广东、重庆、江苏、浙江等省（直辖市）均推出了自己的物联网发展目标，尤其是北京、上海和无锡等。

物联网是信息化的延伸和升级，其本质特点是在原有人与人通信的基

---

① 国务院办公厅. 温家宝发表《让科技引领中国可持续发展》的讲话. http://www.gov.cn/ldhd/2009-11/03/content_1455545.htm，2009-11-03

础上，扩展到物与物之间开展通信，最终实现人类社会高度的智能化。物联网正处于产业培育阶段，需要大量的资金和人力资源，要求经济实力和消费市场作保障。因此，物联网的发展具有明显的区域特征，首先从经济发达地区或者中心地区启动，逐渐辐射周边城市，以点带面，逐步实现物联网在全国的推广与普及。我国物联网发展区域大体上可以分为东西南北四个部分，北部以北京、天津为代表，东部在江浙沪等东部沿海地区，南部以广东为代表，西部以重庆、武汉为中心，全国形成了一定规模的物联网产业集群，物联网产业蓄势待发。从各个重点发展地区的物联网产业相关技术和设备的研发和制造来看，江苏、上海、北京、四川、重庆和广东是芯片制造的重点省（直辖市）。传感器设备主要在上海、北京、广东、福建和湖北。另外标签成品也主要集中在北京、广东、福建和湖北。江苏、北京、广东还是读写器和系统集成制造的重点地区。系统集成方面，浙江省在全国也处于领先地位。网络提供与运营服务主要集中在北京、上海、广东、江苏和山东。全国物联网的应用示范区主要集中在北京、上海、广东、江苏、福建、重庆、湖北和山东。

各个省（直辖市）有各自的区域特点。京津地区的发展，以北京的政务物联网为代表。北京在东城区成功地开展了"网络化"管理，借助物联网的发展契机，将政务物联网作为了物联网发展的突破口。北京市政务物联网的建设需利用已建设和正在建设的信息基础设施、RFID、传感器网络等资源，推动政务物联网的普及和应用。总体而言，北京市物联网的发展仍处在"自发为主尚未规范、有所应用未成体系、监测类多智能化少"的阶段。江浙沪地区，以传感网为主要的发展方向。无锡是中科院传感网研究中心所在地，江苏省确定了以无锡为主，南京、苏州为辅的物联网发展规划。上海则是 RFID 的重要研发基地，这一片东部沿海最重要的经济区将成为传感网推动的先导区域。广东是我国重要的制造基地，所以广东的物联网发展目标侧重于与制造业相结合，把物联网作为产业升级、经济结构转变的重要驱动力。目前物联网的应用主要是 RFID、全球定位系统等，深圳在这方面的应用已经占到了六成，粤港合作和物流信息化是深圳在物联网产业中的独特优势。重庆、四川作为中西部的中心区域，是多个行业的 M2M 发展基地。其目标更侧重于应用的研究。2006 年，中国移动全国 M2M 运营中心就已落脚重庆。现已建成了 M2M 全网业务平台。2009 年 9 月 23 日，重庆市国家级信息化和工业化融合试验区建设推进大会召开，会上，重庆移动分别与清华同方和保税港签订了"两化"融合的战略性协议。

尽管各地的发展有一定的区别，但总体来看在研发、应用的研究上存在同质化竞争的问题。对于最关键的传感器、中间件、嵌入式智能等技术的研究略显不足。需要整合资源、重点突破，从全国整体的角度统筹规划，避免重复建设和盲目上马。

在物联网推进模式上，世界各国都是以政府为主导，但产业链主要推动者有所不同：欧美各环节由传统厂商和通信运营商共同推进，新兴的 M2M 厂商积极参与其中；而日韩则是通信运营商作为产业链的主要推动力。我国物联网的发展模式是政府主导。产业联盟推进，产业链各环节积极参与。随着产业链的成熟，运营商将逐步成为产业的主要推动者。现阶段，各类产业联盟起到了积极的推动作用。2005 年 9 月，上海电子标签与物联网产学研联盟成立；2009 年 11 月 1 日，中关村物联网产业联盟在京成立，致力于将北京中关村打造成为我国物联网产业中心、应用示范中心、工程技术研发中心和标准制定中心；2010 年 5 月 1 日，世界博览会在上海召开，这是一个向世界展示中国在物联网产业上的强大实力的机会。还有武汉、广东、杭州等地的一些物联网协会组织也不同程度地对推动物联网的发展起到了积极作用。

北京、上海、无锡分别推出了各自的应用示范工程，力图通过示范工程探索完善的运作模式，形成长效运作机制，真正实现物联网应用的成功推广。北京推出了公共安全、城市运营管理、生态环境、城市交通、农业、医疗卫生、文化等七大项、三十小项的应用范围。上海确立了环境监测、智能安防、智能交通、物流管理、楼宇节能管理、智能电网、医疗、精准控制农业、世博园区、应用示范区和产业基地等十大应用范围。无锡推出了感知电力、感知交通、感知环保、感知医疗、感知水利、感知工业、感知农业、感知物流、感知家居、感知安保、感知园区等十一项应用示范工程。综合三个地区的应用示范定位，可以看出当前物联网应用的发展主要有三个方向：第一是便于开展物联网应用的领域，如电力、物流。

这两个领域对远程监控、定位等物联网应用的需求比较大，有一定的行业信息化基础，推动起来难度小。第二是政府为了提升城市综合管理能力，对公共安全、城市交通和城市运营管理等方面有一定的需求。第三是不同省份的个性化物联网需求。例如江苏无锡的太湖蓝藻监控、广东的生产制造物联网应用等。

物联网的发展给各级政府带来新的契机，各级政府都将物联网作为拉动经济、促进就业、以技术进步带动产业转型的重要战略方向。在物联网发展的主要城市已经建立了一整套政府主导、产业联盟推进、企业参与的发展模式。在政策扶持、产业基地、应用示范等方面建立起了产学研用一体化的推进机制。

（三）存在的问题

我国物联网产业发展较快，在物联网部分关键技术研发、物联网产业标准制定、物联网产业培育和具体行业应用等方面已取得一定成果，但仍然面临几个关键问题。

一是物联网关键技术及设备水平需进一步提高。目前我国物联网在芯片、云计算等多个技术领域已取得众多成果，但相关的核心技术仍与发达国家有差距。传感器是感知识别层的重要元器件，是最基础的应用层和处理信息的关键。目前我国传感技术及传感器相关设备发展滞后，核心传感元器件受制于人。虽然我国传感器产业当前已经形成从技术研发、设计、生产到应用的完整产业体系，中低档产品基本满足市场需求，但从行业产品结构看，老产品比例较高，高新技术类产品较少，数字化、智能化、微型化产品严重欠缺。

二是物联网产业没有形成有效的产业链。物联网产业覆盖面较广，涉及家庭生活、物流、医疗、交通、公共安全等多个领域，每个领域都有巨大的发展空间。物联网产业链包含芯片提供商、传感器供应商、无线模组厂商、网络运营商、平台服务商、系统及软件开发商、智能硬件厂商、系统集成及应用服务提供商等环节。当前我国物联网产业各个环节相互独立，还不能形成有效协同。推动物联网产业链需要建立完善的产业链，各个环节相互配合，加强信息、技术的交流学习，产业链的联动作用更能带动整个产业的发展。

（四）机遇与挑战

我国在未来物联网发展方面的优势也是比较明显的。我国现已形成相对完备的物联网产业链，感知层、网络层、应用层都已经具备了较大的规模。目前，感知层市场规模已经超过千亿元，网络层三大核心运营商（中国移动、中国联通、中国电信）实力不断壮大，应用层受益于示范工程已经步入了市场主导期，物联网产业链正释放出巨大的价值。此外，我国传统的 IT 和互联网巨头均参与到这场无硝烟的物联网战争之中，市场中最活跃的微观因子的企业能够充分带动物联网相关技术的创新和发展。更为重要的，越来越多的领域开始接触甚至融合物联网的发展理念，社会公众对物联网认知程度的加深也推进了物联网的应用。相应的，物联网发展相关人才的培养在我国教育领域也得到了充分的重视。政府部门对物联网的发展也出台了相关的指导意见和政策，引导和鼓励城市和企业推进物联网在全国"遍地开花"，我国正在深化的全国各个工业产业转型升级，也为物联网的发展提供了契机，同时也推动了工业与物联网的融合发展。这些都无疑将会成为我国物联网腾飞的助推器。

然而，我国物联网在未来发展中仍然面临着很多严峻的挑战。从物联网发展中的关键技术和产品——传感器来看，我国物联网的快速发展带动了对传感器的需求，但是国内传感器企业的产品供给能力有限，抑制了我国物联网的发展，成了短板。这与我国传感器企业规模较小、技术水平不高等直接相关，多种传感器主流产品高度依赖进口。2015 年，我国中高端传感器进口比例就高达 80%。目前全国传感器产品种类齐全的企业占比不足 3%，产品单一，综合竞争力很弱，在技术方面较国际领先企业新品研发落后 5~10 年[①]。传感等关键技术在国内还存在着成本高、成熟度低和相关人才短缺的问题，这必将阻碍我国物联网未来的发展。在

---

① 数据来源：中华人民共和国工业和信息化部、中华人民共和国工业和信息化部电子元器件行业发展研究中心

物联网的应用方面，我国一直采取的是大规模示范应用的范式，更多的关注的是物联网技术的垂直型应用，缺少对物联网开放平台、操作系统等关键环节的考虑。来自全球的竞争对手也使得我国物联网发展面对诸多挑战。我国在物联网平台建设中仍然处于初始阶段，目前阿里巴巴、腾讯、百度等互联网企业依据自身的传统优势构建了开放平台，但总体而言，在聚合资源以及带动技术产品、组织管理、经营模式等方面还距国际领先物联网平台有一定的距离。此外，信息化浪潮中，安全问题仍是我国物联网发展亟待解决的关键问题。物联网在工业、能源、电力、交通等国家战略性基础行业中的应用如果发生安全问题，必然带来无法估量的损失。

面对诸多利好的优势和严峻的挑战，我国必须把握好物联网发展这一契机，做好工业化和信息化两化融合。我国物联网产业应在我国目前产业发展中面临的诸多挑战中寻求契机。首先，攻克我国国内物联网关键技术的难题，对我国物联网传感设备和芯片产业中的问题进行解决，鼓励企业布局未来发展的新兴传感器的研发和制造。其次，做好物联网与制造业、新能源、新材料等技术的融合，在诸多领域加快渗透，加强上下游协同，占领增量市场。再次，在物联网标准的制定方面，要在各行业推进国际化标准，加速对窄带物联网、短距离网络技术等物联网网络信息技术的自主创新和国际标准研制。最后，物联网的终极目标是万物互联，我国应加速推进物联网在各领域的创新和规模化应用。

三、集成电路产业

作为信息技术产业"粮食"的集成电路，其技术水平和发展规模已经成为衡量一个国家产业竞争力和综合国力的重要标志之一。在我国集成电路产业规模不断扩大的同时，设计、制造、封装测试三业并举且与支撑产业共同发展的完整产业链已经形成。

（一）整体发展情况

1. 国家政策战略引领，产业发展环境不断改善

近年来，尽管全球半导体市场徘徊不前且小幅衰减，但我国继续大力支持集成电路产业的发展，政策力度不断加强。2014年6月，我国出台《国家集成电路产业发展推进纲要》作为今后一段时期我国集成电路产业发展的行动纲领；2015年5月，中国制造强国战略的第一个十年行动纲领《中国制造2025》将集成电路放在新一代信息技术的首位；"国家重大科技专项"将"推动集成电路及专用设备发展"作为重点突破口，为集成电路产业发展指明方向；我国"十三五"发展规划中明确了新形势下集成电路的发展目标以及重点。

同时，国家和地方性集成电路产业投资基金相继设立，截至2016年底，国家集成电路产业投资基金股份有限公司"大基金"两年多来共决策投资43个项目，累计项目承诺投资额818亿元，实际出资超过560亿元，已经成立或宣布设立的地方集成电路产业发展基金的目标规模合计已经高达3 000亿元，极大地缓解了投融资瓶颈。我国集成电路产业发展环境进一步优化，具备和国际市场竞争的基础。

2. 市场规模逐步增长，汽车电子、工业控制领域增速最快

据中国半导体行业协会统计，2016年中国集成电路产业销售额为4 335.5亿元，同比增长20.1%，从"十二五"初期2011年至2016年，年均增速达22.5%，如图3-2所示。从全球来看，2016年，我国集成电路市场规模达到11 985.9亿元，同比增长8.7%，接近全球市场份额的60%，增速远高于欧美市场，这也说明中国集成电路产业已逐渐成为全球集成电路产业发展的主要推动因素。

汽车电子、工业控制以及智能照明等物联网市场领域是增速最快的领域。现阶段，汽车销量大幅提升，2016年国内汽车产销量均超过2 800万辆，同比增长14%以上，新能源车产销量均超过50万辆，同比增长50%以上。国内汽车的消费升级使得对汽车电子产品的需求不断增长。这些因素直接带动了汽车电子领域集成电路产品的销售。2016年汽车电子类集

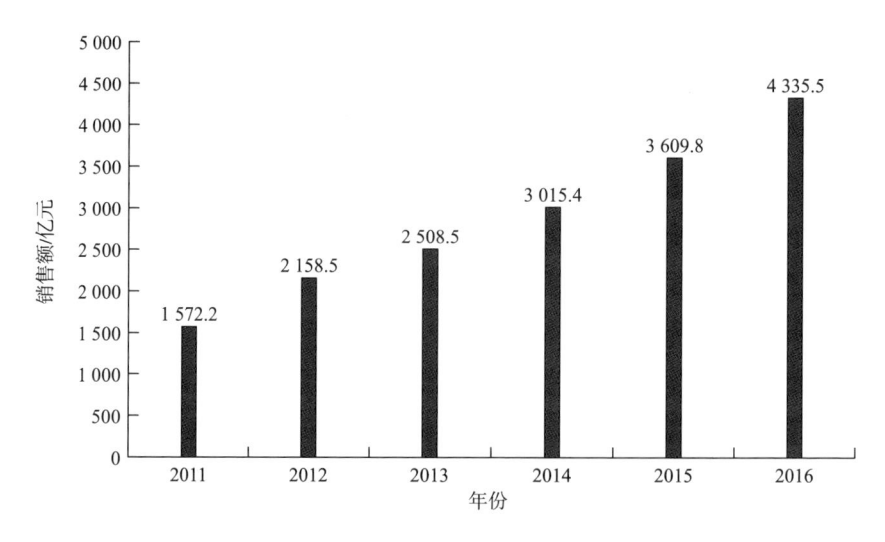

图 3-2 2011~2016 年中国集成电路产业销售额

成电路市场的增速达到 34.4%。与此同时，随着国家《中国制造 2025》战略的深入实施，制造业的升级换代进程加快，工业控制领域集成电路产品的需求也同样旺盛，工业控制类集成电路市场的规模增速达到 21%。在我国工业化和信息化融合持续深入、信息消费不断升温、智慧城市建设加速等多方因素的共同带动下，以及随着云计算、大数据、物联网等领域的逐步成熟，预计未来 3 年国内集成电路市场仍将保持稳定增长。

3. 国内供需矛盾突出，产品严重依赖进口

面对过高的集成电路产品市场需求，国内市场供给不足的矛盾十分突出。目前国内集成电路市场自给率尚不足 20%，国内市场所需的集成电路产品主要依赖进口。根据海关统计，2016 年，集成电路进口金额高达 2 270.7 亿美元，2014 年以来一直是我国进口第一大产品。我国通用 CPU（central processing unit，中央处理器）、存储器等关键核心产品基本均依赖进口。而 2016 年集成电路出口金额为 613.8 亿美元，同比下降 11.1%，贸易逆差达到 1 656.9 亿美元。从集成电路（integrated circuit，IC）产品的工艺线宽来看，28 纳米及以下 IC 产品已经占据国内集成电路市场 55% 的份额，而国内现阶段能够提供 28 纳米技术解决方案的企业屈指可数。国内集成电路产业的发展远不能满足国内的内部市场需求。

4. 设计、制造、封装测试三业并举、协调发展，产业结构趋于合理

近年来，我国集成电路设计业一直保持高速增长态势，2016年销售额为1 644.3亿元，同比增长24.1%；制造业产能不断扩大，销售收入平稳增长，2016年销售额1 126.9亿元，同比增长25.1%；封装测试业销售额1 564.3亿元，同比增长13%，增速相对缓慢，占据了全球70%以上的份额（如图3-3所示）。

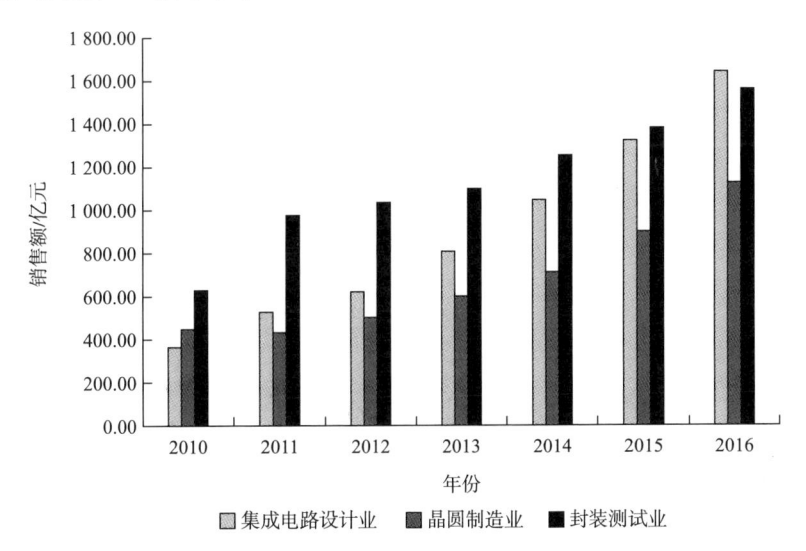

图3-3 2010~2016年中国集成电路设计业、晶圆制造业和封装测试业销售额

总体来看，IC设计、晶圆制造和封装测试三业格局也正不断优化，2016年设计业比重达到37.9%，呈逐年上升趋势，晶圆制造业比重为26%，封装测试比重进一步下降到36.1%。设计业与制造业占比上升，与全球集成电路产业3∶4∶3的总体比例逐步接近，改变了我国过去以封装测试业为主的局面。

5. 关键技术取得进展，国内领先企业与全球领先水平差距逐步缩小

我国设计企业在全球的地位和影响力不断提升，涌现出海思半导体、展讯等一批有实力的设计企业；2015年全球排名前十的设计企业中，有海思和展讯两家。海思已发布的950 SoC芯片基于台积电16纳米鳍式场效应晶体管（fin field-effect transistor，FinFET）工艺，在华为高端机型

Mate8 上得到应用。

制造方面，2016 年我国宣布投资新建的晶圆厂以 12 英寸（1 英寸=2.54 厘米）厂为多，且均面向高端先进工艺技术；中芯国际已具备 28 纳米量产能力，并联合华为海思、高通等半导体厂商开展 14 纳米工艺研发部署，预计 2018 年实现 14 纳米的量产，形成了清晰的工艺升级路径。

封装测试方面，全球前十大封测企业中中国有三个，其中长电科技跻身前三甲。通过自主研发和并购，国内领先企业在先进封装测试上取得突破性进展，技术能力与国际水平接轨。目前集成度最高和精度等级最高的系统级封装（system in a package，SiP）模组在长电科技已经实现大规模量产，华天科技基于硅通孔技术的三维系统封装技术指纹识别封装产品应用于华为系列手机；晶方科技成为全球最大的影响传感器晶圆级封装（wafer level packaging，WLP）基地之一；国内领先企业也已获得国际领先的倒装（flip chip，FC）技术，长电科技用于智能手机处理器的倒装堆叠封装（flip chip package on package，FC-POP）技术，通富微电子有限公司的球栅阵列倒装封装（flip chip ball grid array，FC-BGA）技术。

6. 企业并购难度增加，并购速度放缓

前几年，基于人力成本、企业发展战略等诸多原因，国际半导体大公司产业布局调整持续进行，关停转让下属封装测试工厂动作不断发生，为中国集成电路行业提供了非常好的发展机会。2015 年上半年，中国国内并购总额就达 2 323 亿美元，2016 年国内集成电路行业未出现大的收购案例。由于中国半导体海外并购的行为已经引起了美国等西方国家的关注，针对中国企业的并购的审查更加严格，中国收购海外半导体企业的难度已经非常巨大。

（二）区域发展现状

我国集成电路产业集聚度加深，四大产业聚落格局形成。随着"一带一路"倡议、京津冀协同发展战略、长江经济带发展战略的实施，中国集成电路产业呈现越来越明显的集群特性，现阶段，已初步形成长三角、珠三角、以京津地区为中心的环渤海带、部分西部省区这四个集成电路区域中心。

长三角以上海为核心，是四大聚落中产值最高区域，偏重于集成电路中下游，是中国IC制造和封装测试技术最先进的产能集中地区。

京津环渤海地区以北京的中关村为核心。侧重于设计、制造与应用的发展。作为国家京津冀发展战略中的"科技创新中心"，北京肩负着重大责任，经过多年的发展，北京的中关村已经集聚了紫光展讯、君正、同方微电子等一批优秀的集成电路设计企业、产业联盟、孵化器等，产业集群初步形成。中关村集成电路设计园在2018年初投入使用，中关村集成电路设计园作为承接集成电路设计企业的专项园区，与北京亦庄生产制造基地、河北正定封装测试基地形成了三地协同发展，有力地支持了京津冀地区集成电路产业的发展。

珠三角地区以深圳为核心。其中，IC设计产值占比最高。珠江三角洲地区很早就具备了集成电路产业的配套市场和供应基础。整机市场需求的旺盛，积极促进着集成电路产业在此区域的发展。

西部地区中以西安等城市为核心。通过西安的三星设立的3D Nand Flash（三维计算机闪存）生产线、武汉新芯的Nand Flash扩产、紫光集团长江存储科技结合武汉新芯的资源整合，中西部将成为中国重要的Flash制造基地。

除了已形成的四大聚落，福建区域的发展也是另一大受关注的焦点，泉州晋华动态随机存取存储器项目已纳入国家"十三五"集成电路生产力重大项目，福建省政府计划建设福州、厦门、泉州、莆田沿海集成电路产业带。拓墣产业研究所表示，此一产业带未来若与珠三角的IC设计产业链合作，将进一步推升中国东南沿海在中国集成电路产业链的影响力。

（三）存在的问题

中国集成电路产业在平稳发展的过程中，仍面临一些问题。

一是关键技术受制于人，国产芯片占有率低。面对日益增长的市场需求，国内企业的技术远不能满足相关产品的要求，同时西方国家制约着集成电路的技术出口，当前，我国集成电路芯片制造技术始终落后于国际先进水平，高端、关键封装测试装备及材料仍基本依赖进口。在晶圆制造工艺方面，中国最先进的制造技术是中芯国际的 28 纳米量产、14 纳米研发，2016 年第四季度中芯国际的 28 纳米占比约为 3.5%，估算约 2 800 万美元，连续出货约 1 万片，国产设备在 28 纳米及以上的制程已经实现了市场突破，然而在技术方面，与国际先进水平 14 纳米量产相比，7 纳米研发仍然存在着 4 年 2 代的差距。封装测试业中，国内主要技术水平与国际先进水平差距不大，但是也存在重要设备和材料依靠进口的问题。据统计，我国计算机系统中的微处理器、通信装备中的嵌入式芯片和数字信号处理器、存储设备中的动态随机存取存储器和 Nand Flash 等核心集成电路的国产芯片占有率为零，我国所需核心芯片主要依赖进口。而半导体产业关系国家经济和安全命脉，中国半导体从业者身负重责，必须为核心芯片国产化不断努力。

二是产业链条脱节，企业缺乏整机系统设计能力。芯片设计、芯片制造和封装测试业等产业链环节之间处于脱节状态。其中，设计业产品主要集中在中低端，制造业不能满足高端产品的生产制造。国内大多数整机企业停留在加工组装阶段，缺乏整机系统设计能力，多数国内芯片设计企业缺乏产品解决方案的开发能力，国内整机企业基本采购国外系统解决方案。

三是整体投资强度不足，对中小微型企业缺乏重视。集成电路产业属于资本密集型产业，其技术研发突破、产能的扩大都离不开长期持续稳定、大规模的资金支持。尤其是晶圆制造业，固定资产投入巨大，并且要保证持续投资。

从 2013 年开始，我国集成电路投资额突破了 500 亿美元并开始稳步增长。然而国内企业面临的形势严峻，研发 28 纳米技术所需要投入的资金为 9 亿~12 亿美元，12 纳米技术研发所需资金为 13 亿~15 亿美元，而建立一条生产线的资金则更为庞大，需要 48 亿~50 亿美元。由于成本和巨额资本的支出，现有的投资规模无法满足技术研发投入以及建设大型生产线的需求。

此外，国内 1 000 多家芯片公司中 90% 都是中小微型企业。这些公司可以说是支撑整个行业发展的主力，也是基础技术的研发和创新的主体。

然而，国家基金及各地方基金大都重视国有企业和已经做大的企业，忽视了中小微企业的生存，加之产业链条的不完整，中小微企业缺乏市场销售渠道，发展举步维艰。

（四）机遇与挑战

当前，全球集成电路产业已进入重大调整变革期。我国集成电路产业面临着机遇与挑战，急需找到未来发展之路。

1. 机遇分析

一是世界集成电路产业向我国聚拢。中国高速发展的经济和不断提升的人民生活水平，为集成电路产业提供了巨大的市场。在全球市场整体萎靡的状态下，中国集成电路产业继续保持了稳健的增长态势。2016年，国内集成电路产业的市场规模更是占据了全球市场的半壁江山，在全球的引领作用愈发明显。根据国际半导体设备与材料产业协会发布的报告，预计2017~2020年投产的半导体晶圆厂为62座，其中26座设于中国，约占全球总数的42%，中国也正在成为全球集成电路产业扩张的宝地。

二是国内企业的竞争实力不断增强。如紫光集团以15亿美元取得英特尔20%的股权后获得了快速发展，成了国内集成电路设计业巨头，于2014年推出了28纳米的高度集成四模智能手机平台，成功进入了国际市场。随着紫光集团对展讯及锐迪科业务的整合逐步完成，企业规模快速壮大，成了全球第三大手机芯片供应商。

2. 挑战分析

一是跨国公司加速兼并重组，挤压国内企业生存。跨国公司为了自身做大做强，不断加大投资力度，加快整合的步伐，并购拓展新的生产领域，市场份额也在加速向具有明显优势的企业集中。在全球集成电路并购热潮兴起的背景下，中国国内企业的生产空间变得十分狭小。

二是高端人才极度缺乏。集成电路发展最终取决于人才。当前，我国高端人才缺乏，特别是系统级高端设计人才缺乏；市场营销人员和高端管理人才团队匮乏，严重影响了我国集成电路产业的发展。

四、大数据产业

（一）整体发展情况

1. 产业发展迅速

大数据产业的内涵包括狭义和广义两个层次。从狭义来看，大数据采集、存储、管理和挖掘，即大数据核心产业，为全社会大数据应用提供数据资源、产品工具和应用服务，支撑各个领域的大数据应用，是大数据在各个领域应用的基石。从广义看，大数据产业包含了金融、医疗、交通、教育、安全等大数据在各个领域的应用（如图 3-4 所示）。近年来，我国大数据产业发展迅速，从狭义的角度来看，2015 年我国大数据核心产业的市场规模达到 115.9 亿元，增速达 38%，预计 2018 年还将维持 40% 左右的高速增长。从广义的角度来看，美国麦肯锡预计，到 2020 年美国大数据应用带来的增加值将占 2020 年国内生产总值的 2%~4%。中国信息通信研究院预计，到 2020 年大数据将带动中国 GDP 增长 2.8%~4.2%[①]。

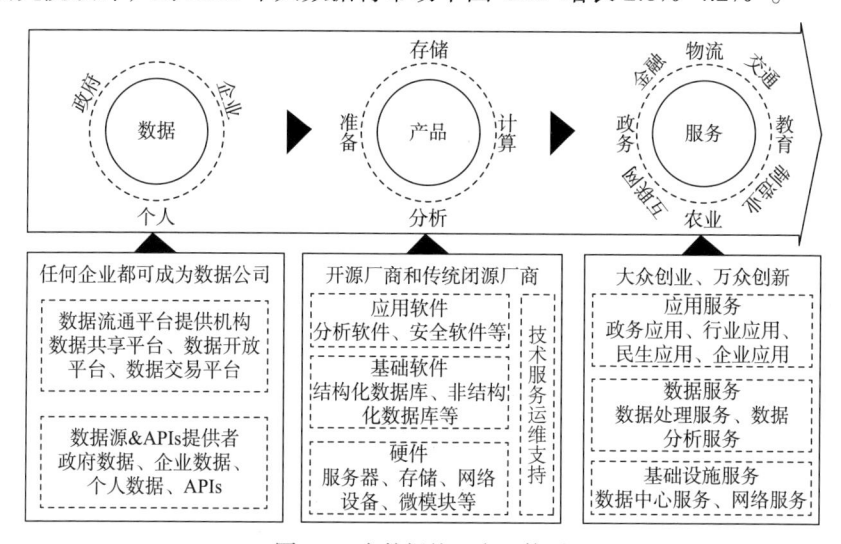

图 3-4 大数据核心产业体系

APIs：application programming interface system，应用编程接口

---

① 中国信息通信研究院，大数据白皮书（2016 年），2016

大数据因其巨大的商业价值正成为推动电子信息产业高速增长和经济社会变革持续深入的新引擎。"十二五"期间我国大数据产业从无到有，政策保障陆续到位，市场规模增速明显。国务院先后出台了《关于运用大数据加强对市场主体服务和监管的若干意见》和《促进大数据发展行动纲要》，从国家层面布局大数据的发展；地方政府陆续推出针对大数据产业发展的相关规划或举措，大数据产业发展的政策环境快速形成。随着行业用户对大数据价值的认可程度增加，市场需求呈现井喷态势，面向大数据市场的新技术、新产品、新服务、新业态不断涌现，大数据为电子信息产业打开了一个高速增长的新市场。前瞻产业研究院的数据显示，全球大数据市场规模将从 2010 年的 32 亿美元增长到 2015 年的 170 亿美元，年复合增长率约为 40%。其中，我国 2015 年大数据市场规模可达 115.9 亿元[①]。我国大数据产业形成了以百度、阿里巴巴、腾讯为代表的应用服务型企业，以及华为、浪潮为代表的大数据技术型企业的市场格局。在技术创新上，国家发展和改革委员会、中华人民共和国工业和信息化部等先后发布了大数据重大工程、科技专项，推动大数据技术的创新发展；为抢占发展的先机，众多企业积极布局大数据技术的创新发展；国内多个高校已设立大数据相关专业，培养大数据专业人才。在大数据标准制定方面，我国已成立大数据标准化工作组，负责制定和完善我国大数据领域标准体系，以规范我国大数据的发展，争取发展的主动权和国际话语权。总体来看，我国大数据产业呈现出良好的发展势头，但市场尚处于探索起步期，面临着数据孤岛林立、数据安全风险、数据权属不清等诸多问题。

2. 技术多点突破推动大数据创新发展

大数据时代的到来，开启了以数字化、智能化为核心的社会发展新阶段。近年来，我国在云平台、云存储等核心技术的自主研发方面的能力显著增强。长期以来云数据中心的整机柜服务器一直扮演追随者的角色，天蝎整机柜服务器的问世及规模应用改变了这一局面，作为我国自主设计的

---

① 数据来源：中国信息通信研究院. 中国大数据发展调查报告（2015 年）. 2015

服务器,实现了从"中国制造"到"中国设计"的转变[①]。2016年我国已成功研制出EB（exabytes,艾字节）级云存储系统,可满足大数据量存储落地需求,对保障中国云计算基础环境的安全可控具有重要意义[②]。随着大数据应用的不断广泛深入,我国对可视分析的研究开始逐步重视。针对各种城市数据的可视化系统纷纷涌现,如交通流量、手机信号、公交刷卡等,学术界在轨迹数据的可视表达、人群移动的可视化建模等方面取得了较大进展。在中文语音和语义识别技术方面,我国存在自身独有的竞争优势,如科大讯飞在语音识别领域取得突破,构建了国内最全的语音技术平台,其推出的"讯飞听见"产品,可实时将语音转写成文字,速度和准确率远超人工速记,现场识别正确率达到99%以上。百度硅谷人工智能实验室的新一代深度语音识别系统Deep Speech 2被美国权威杂志《麻省理工科技评论》列为2016年十大突破技术。我国在云计算、大数据安全等技术领域快速发展。2016年,我国的云安全技术逐渐从单一的云端攻防,向多种云端整体安全解决方案转移;防护手段从防御外部Web入侵逐渐变化为云抗DDoS（distributed denial of service,分布式拒绝服务）、防御APT（advanced persistent threat,高级持续性威胁）攻击和保护云端数据安全。2016年,针对基于单属性的隐私保护技术存在的关联攻击问题,我国提出基于关联相似性的隐私保护技术;基于背景知识对攻击者可进行语义分析,提出基于位置语义的路网位置隐私保护技术等。我国还处于大数据安全领域的威胁情报技术的起步阶段,但进步很快,启明星辰、知道创宇、安天、360、华为、东巽科技等一批公司在APT攻击溯源、威胁感知技术等方面取得了一定进展。

3. 政策引导试点先行,推动大数据开放共享进程

从大数据价值来看,数据孤岛的存在的确严重制约了大数据的潜在价值的发挥,开放共享数据,打通数据孤岛是大数据时代的必然趋势,数据的流动共享能够激活数据的价值,同时开放政府数据、盘活政府数据,也

[①] 中国信息通信研究院,云计算白皮书（2016）. 2016
[②] 新华社. 我国成功研制出EB级云存储系统 可满足大数据量存储落地需求. http://www.xinhuanet.com/tech/2016-11/30/c_1120023215.htm, 2016-11-30

有利于提高政府公信力，打造阳光政府，有利于提高政府决策水平，使政府能够更好地服务于公众。在政府数据开放的问题上国家高度重视，并且在相关文件中多次提到数据开放共享，各级政府已开始积极地推动数据的开放共享。2015 年《国务院关于印发促进大数据发展行动纲要的通知》（国发〔2015〕50 号）提出"在依法加强安全保障和隐私保护的前提下，稳步推动公共数据资源开放"，"2018 年底前建成国家政府数据统一开放平台"。该通知对数据开放的相关管理制度做了原则性规定，包括要建立公共机构个人数据保护法资源清单，建立大数据采集机制，制定政府数据共享开放目录，优先开放一些领域。北京、上海、浙江、青岛、武汉这些地方政府都已经建立了专门的政府数据开放的网站。像气象、林业这些部门也建立了自己的专门的数据开放的网站。深圳市作为新型智慧城市的试点示范城市，以"打牢共用、整合通用、开放应用"为运行概念，以数据的开放共享和融合利用为核心，对各类信息资源进行调度管理和服务化封装，实现功能整合，打造开放、安全的城市信息综合集成环境，为各行业、各部门提供通用功能服务，促进感知、通信和计算资源集约，通过功能整合，促进城市信息资源开放利用。在数据的聚合上，以"实体"为核心来组织数据，将每条数据抽象为一个"实体"，通过这种方式，将数据进行合理的聚合，形成数据资产。在数据开放共享上，通过梳理数据资源框架体系，定义数据统一描述标准，建设由城市数据资源体系和应用支撑服务构成的通用功能平台，由全市统一规划建设，各部门在全市统一的通用功能平台之上构建业务应用，避免单独、重复建设。针对数据的采集、存储、交换和共享等环节，建立统一的数据资源标准来规范信息共享业务流程，全面落实《深圳市政务信息资源共享管理办法》，打通信息共享通道，实施信息共享"负面清单"管理机制，加强信息共享绩效考核，推动信息共享深度应用。引导各级政府和公共服务机构开放数据资源，加强政府与第三方机构协作，进一步推动数据资源的开放和共享。明确界定数据开放的边界、范围、原则和安全性等，在对政府部门数据进行梳理和开放风险评估的基础上，制定实施政府数据开放计划，确立数据开放的机制、重点开放领域和实施步骤，推动公共数据资源适度、合理地跨部门分享和向社会开放。积极发挥市场的主导作用，通过数据资源的开放利用，促进大数据技术和产业创新发展。

（二）区域发展现状

产业集聚效应明显。自2015年国务院办公厅印发《关于运用大数据加强对市场主体服务和监管的若干意见》和《促进大数据发展行动纲要》，将大数据发展上升到国家战略层面，各个城市在国家战略的指导下，以北京、上海、重庆、贵阳为引领，积极布局大数据产业的发展，相继出台了城市大数据产业发展规划。经过几年的发展，我国已形成了京津冀、珠三角、长三角和西南部大数据产业集聚区，已建立北京中关村、深圳、武汉光谷、贵阳等数十个大数据发展联盟，《京津冀大数据产业地图（2016）》显示，2016年京津冀三地大数据企业数量已达875家，与2009年的350家相比翻番有余，形成了以政府为指导，以企业为主体，产学研用相结合的城市大数据产业发展生态模式，有力地推动了我国城市大数据产业的发展。

北京依托中关村在信息产业的领先优势，快速集聚和培养了一批大数据企业，继而迅速将集聚势能扩散到津冀地区，形成京津冀大数据走廊格局。长三角地区城市将大数据与当地智慧城市、云计算发展紧密结合，使大数据既有支撑又有的放矢，吸引了大批大数据企业。珠三角地区在产业管理和应用发展等方面率先垂范，对企业扶持力度大，集聚效应明显。

（三）存在的问题

与国外大数据的热火朝天相比，国内企业真正深度有效参与到这一领域的并不多。从目前国内外大数据发展历程和趋势来看，掌握海量有效数据和具有强大数据处理分析能力的公司和企业将走在大数据发展的前沿。

1. 缺少领军企业和创新企业，产业生态不健全

虽然我国的几大互联网公司，以及华为、浪潮等信息领域的佼佼者都关注大数据的应用和发展，但都尚未成长为大数据产业的主导企业。大多数企业都集中在对大数据的应用上，如何应用海量数据成为百度等互联网巨头的关注重点，但他们对核心产品和技术的研发与攻关尚显不足。另

外，我国缺乏大数据技术型的初创企业，尚未形成多层次、完整的大数据产业生态系统。

2. 盲目投资问题严重，产业环境不理性

美国大数据产业发展已步入大规模的商业化阶段，而我国却处于起步阶段。国内对大数据的概念和相关理论大有追赶潮流之势，而真正对大数据的认知还不够清晰、明确。从我国大数据中心的大批量建设就可以看出对大数据发展的盲目性。不仅仅是一、二线城市，甚至三、四线城市也纷纷表达了对大数据中心的建设热情，重金下注。大数据、云计算是新鲜事物，它们需要政府的有效引导，也需要政府营造优良、规范的发展环境。云计算数据中心的建设需要统筹考虑、全盘谋划，而不是一拍脑袋就去建新的，胡乱跟风、仓促上马。数据中心的建设需要从技术更新、建设模式和服务模式上进行考量，使数据中心行业发展更加健康，更有竞争力。数据中心是能耗大户，在大数据行业中，降低能耗，使其变得绿色环保不仅牵涉到企业的社会责任，也是企业可持续发展的要求。

3. 技术创新能力不足，产业主体能力弱

我国大数据技术的发展现状是互联网企业具备快速将国际先进的开源大数据技术整合到自身系统中的能力，并构建了单集群上万节点的大型系统，但仍缺乏原创技术，对开源社区的贡献不足，进而对前沿技术路线的影响比较微弱。同时，我国大数据仍处于割裂状态，很多单位之间的数据关联、集聚、共享、价值的深度挖掘还不够，在数据计算、可视化、结果呈现等方面仍存在技术难题。而且由于本土开源社区等产业组织发育滞后，国内领先企业在大数据方面的技术创新也难以向社会扩散。我国在大数据研究和发展方面的投入还远远不够，方向也不明确，这是制约我国大数据发展的主要瓶颈之一。我国需要进一步提高自主创新能力，加强我国大数据关键技术的突破，避免我国在未来大数据技术方面受制于人，推动我国大数据的发展和应用，这同时也有利于保障国家安全。

4. 数据开放共享仍处探索阶段

数据资源共享和业务系统互通是大数据发展的核心。我国政府对于数据的开放和共享给予高度的重视,在相关战略规划中无不涉及数据开放共享的推进与实施,但是我国的数据开放共享尚处于探索阶段,很多数据都是相对孤立和封闭的,政府部门有各自独立的垂直信息系统,如公安系统的人口数据、交通管理系统的交通数据、食品安全监管部门的食品安全数据、环保部门的环境安全数据,因为部门间的数据资源存在数据格式不统一、标准化程度不高、互联互通程度不足等问题,所以部门间、区域间的数据资源缺乏有效的整合,没有实现共享,"数据孤岛"现象十分严重。不同部门在建设信息系统时,缺乏顶层设计和整体发展战略,从而导致不同的信息系统之间很难兼容,整合代价昂贵;各部门信息协同分享的机制建设尚不完善,信息化管理体制中存在的职能交叉、部门分割、管理不到位、协同发展能力较差等一系列问题也成为制约数据共享开放的瓶颈。虽然数据公开和信息公开逐渐扩展和放开,但我国相关法律和制度保障严重滞后,很难为数据共享和信息公开提供健全的保障。数据开放和共享平台建设还严重不足,各种基础数据的数据库和数据平台建设情况也参差不齐,而且缺乏统一的数据标准,难以保证数据开放和共享的质量,共享数据的可用性较差,技术保障能力的不足也成为数据平台建设的一大制约。此外,数据开放的广度、深度有待挖掘探索,数据开放共享的具体实施规划和措施也有待出台。

5. 数据安全问题日趋严峻

大数据虽然是经济社会发展的重要推动力,但随着数据爆炸式增长以及大数据不断向各个行业渗透,大数据在推动经济社会发展的同时也带来了严峻的安全问题。数据来源由于广泛性、传播的开放性,受到网络攻击的渠道会更多。通过对不同领域的海量数据进行整合、关联、分析、挖掘,可能得到意想不到的价值,但这份价值背后也同样蕴含着不可估量的风险,大数据遍布社会运行的方方面面,如涉及公安、人口、食品、交通、医疗等,因此,一旦这些数据失真、丢失、泄露或遭到破坏,将产生严重后果。实际上,从信息的收集、信息的传输到信息的处理等各个环节,大数据相关的系统和子系统都存在严重的信息泄露、伪造、网络攻击、容忍性等安全问题,亟须受到关注和重视。如果安全都没有保障,发展也就无从谈起,我们亟须解决"谁来保护大数据安全"这一关键问题。此外,大数据时代,个人信息被过度采集、利用,每个人在大数据面前,都变成了透明人,个人隐私遭受到前所未有的挑战,这成为大数据时代一个亟待解决的突出问题。

由于大数据传输具有数据量大、类型多、价值密度低、处理速度快、复杂性加大等特点,现有的安全防护手段已经不能满足大数据时代的安全需求,对海量数据进行安全防护变得更加困难,而且数据的分布式处理也加大了数据泄露的风险。这主要体现在以下四个方面:其一,大数据成为网络攻击的显著目标;其二,大数据加大信息泄露风险;其三,大数据威胁现有的存储和安防措施;其四,大数据技术可被应用到攻击手段中。因此,应全面理解和把握大数据发展过程中的体系风险和安全隐患,增强风险意识与管理能力,提高自主创新、安全可控的能力,提高安全防护保障能力,提高体系对抗能力,确保虚拟空间与现实空间的长治久安。

6. 数据流通交易相关管理机制不健全

大数据发展不仅是技术问题,更重要的是体制机制的革新和相应的法制建设的保障。目前,我国已出台了一批法律、法规、司法解释等规范性法律文件,形成了法律、行政法规、部门规章、地方性法规四个层次,覆盖网络安全、电子商务、个人信息保护、网络知识产权等领域的网络法律体系,但是与信息领域相关的法律制度体系尚不健全。一是立法指导思想重管理而轻服务。我国现行的大数据相关法律制度总体强调对网络用户和网络行为的行政监管,而较少注意甚至忽略了立法对于行政部门服务属性的制度化。二是立法内容滞后且立法位阶较低。在我国现行大数据相关立法的体系中,正式的法律只有《中华人民共和国电子签名法》这一部,位阶较高的行政法规层级的立法较少,我国规范大数据的法律体系更多的是部门规章和地方性法规,而后者法律效力低,适用范围有限,实施效果差。三是法律体系散乱,缺乏逻辑。由于多头监管,政出多门,信息保密和网络空间监管的法律散见于各部门规章,没有纵向的统筹考虑和横向的协调统一,各规章之间内容重复、交叉甚至冲突,没有形成一个逻辑体系,规则不少但效用不高,造成法律资源的浪费、执行过程中的推诿,严重影响到大数据的管理及执法效果。四是立法与传统法律兼容不够。大数据相关立法与现行法律体系中的行政法、民法和刑法等传统法律的规定未有效衔接，兼容不够，导致大数据相关立法操作性羸弱，一些现行法律中能够对大数据法律关系起到调整作用的规范无法得到有效应用。大数据相关法律性质的不明也导致民法原则、行政法原则都无法在出现法律空白时起到有效的填补功能。

7. 数据人才缺口严重，复合型创新人才储备不足

信息时代，得人才者得天下。人才是信息化时代最为关键的因素，对信息人才的培养和获取，日益成为各个国家争夺竞争力的制高点，因此世界各国不惜花巨资来培养高水平的信息专业队伍。大数据的发展既需要懂技术的专业型人才，也需要懂经营和城市建设的复合型人才，我国通过院校教育培养了大量的信息化人才，但我国的人才增长速度跟不上信息化发展需求的增长，尤其是高端、复合型人才严重匮乏。近两年大数据迅速发展，对大数据相关人才的需求也随之迅速增长。根据哈佛商业评论所言，数据科学家将成为 21 世纪最性感的职业。目前，数据科学家的需求量巨大，全世界范围都面临严重的人才缺口。麦肯锡曾预计，2018 年，仅在美国市场，数据科学家人才缺口会达到14万~19万，而相关方面的管理人才缺口会达到150万。总体形势如此，我国的情况将更严峻。人才短缺将是制约我国大数据健康快速发展的重要因素。

五、人工智能产业

（一）整体发展情况

我国人工智能产业发展迅猛。与较发达的经济体相比，我国人工智能发展起步较晚，但是我国人工智能产业发展却十分迅猛。2016 年我国的人工智能产业规模为 95.6 亿元，相较 2015 年的 69.3 亿元增长近 38%。我国人工智能疾风暴雨似的发展始于 2010 年，2015 年以来人工智能领域的投融资状况明显提升，2015 年人工智能领域涉及 8.15 亿美元 202 次投资。

我国未来的人工智能市场投资情况将维持良好状态，这与我国经济发展提高了公众的消费水平关系密切。另外，我国正在步入老龄化社会，对于服务型的智能机器人的需求势必增长。建设绿色和谐的智能化城市和乡村也需要人工智能的参与。这些都无疑会促进我国人工智能领域的发展和人工智能产品的需求，众多投资将进入人工智能领域。

目前，从人工智能市场规模来看，我国将在未来三年至五年保持持续增长的态势。首先，智能语音技术已经趋于成熟，尤其是在深度学习、高性能计算和大数据的迅猛发展的助推下，各大人工智能企业已经开始了商业化的应用。另外智能车载、智能家居、智能可穿戴产品相关技术和应用实践已经从探索期过度到高速发展期。结合我国实际的汽车产销情况，我国是目前全世界汽车产销最大的市场，不难预测，智能车载在未来的汽车市场中将快速增长。我国车联网步伐加快，随着汽车消费群体的年轻化，联合车载设备和产品服务的完善化，语音控制车载系统应用将十分普遍，预测未来五年内车载设备渗透率将超过50%。此外，在智能家居领域，由于人们对于语音操控交互带来高效便捷的肯定，智能家电的渗透率也将飞速提高。

从我国整个人工智能市场领域的角度来看，我国的人工智能市场具有优越的发展潜力。《"十三五"国家战略性新兴产业发展规划》中明确提出了人工智能的计算机视听觉、生物特征识别、新型人机交互、智能决策控制等应用技术研发和产业化，支持人工智能领域的基础软硬件开发，提出到2020年战略性新兴产业增加值占国内生产总值比重达到15%，新一代信息产业总产值规模超过12万亿元。

我国政府部门积极推进人工智能产业发展。改革开放之前，我国人工智能发展缓慢，随着改革开放的推进，人工智能产业在我国发展得如火如荼。改革开放之初邓小平同志提出了"科学技术是第一生产力"的论断，人工智能也随着科学技术的开放和发展活跃起来，尤其是钱学森等学者认为人工智能要在中国开展。1989年我国开始开展中国人工智能联合会议，会议持续召开8年。进入21世纪，随着我国计算机相关技术的不断发展，我国人工智能项目也得到了诸多发展机会，国家自然科学基金、863计划、973计划等都支持了多项人工智能和智能系统的项目。尤其是最近

5~10 年，随着新一代信息技术产业发展，我国对人工智能更为重视，将人工智能列为国家战略之中。国家领导人也发表了关于人工智能和机器人学的重要讲话。2015 年，我国政府部门发布了《中国制造 2025》，其包含的九项重要战略任务和重点的发展都离不开人工智能的参与。同年，政府部门发布了《中国人工智能系列白皮书》。2016 年，我国政府相关部门印发了《机器人产业发展规划（2016-2020 年）》和《"互联网+"人工智能三年行动实施方案》。2016 年颁布的《中华人民共和国国民经济和社会发展第十三个五年规划纲要》中指出要重点突破大数据和云计算关键技术、自主可控操作系统、高端工业和大型管理软件、新兴领域人工智能技术。由此可见我国政府部门对人工智能的发展的重视程度。

我国人工智能应用企业推进良好。我国关于计算机视觉的品牌企业目前约有 100 家。计算机视觉领域企业之多伴随而来的是激烈的竞争，在图像识别中就有百度、搜狗、三星中国技术研究院和微软亚洲研究院等诸多企业竞争。同样，人脸识别领域也是旷视科技、腾讯优图、蚂蚁金服、商汤科技、三星中国技术研究院、微软亚洲研究院等众多企业的必争之地。智能机器人市场的竞争力亦表现抢眼，中国科学院沈阳自动化研究所的新松机器人、优爱宝机器人、Slamtec 等智能机器人公司在智能机器人市场竞争激烈。百度作为我国发展人工智能的典型企业之一，十分重视人工智能的发展，甚至将人工智能放在百度未来发展战略的首要地位，启动了百度的"凡尔纳计划"。百度在人工智能的智能硬件、智能生态和智能引擎等方面都进行了拓展研究。智能硬件包括百度 Eye、百度魔镜、小度机器人、百度快搜和 Dubike 等；此外还建立了百度 iHome 智能家居平台、Dulife 智能健康平台、百度 Inside 智能赢家平台等，在技术上也有了突破性的进展，如百度语音技术、百度图像识别技术等。2016 年百度还成立了独立风险投资公司，主要用于人工智能以及虚拟现实、增强现实等新一代科技创新项目。我国另外一家典型的人工智能企业腾讯公司也将人工智能作为未来发展的重要方向。腾讯云的"万象优图"包含了人脸检测、五官定位、图片标签、名片光学字符识别等诸多产品。腾讯优图的人工智能团队在人脸识别的国际人工智能比赛中名列前茅。从目前全世界的人工智能企业分布和投资情况来看，我国在人工智能领域虽然起步较晚但是取得了非常之好的成绩。在智能语音领域，我国发展较快的企业为科大讯飞。科大讯飞在教育领域、政府便民工程方面等有传统优势；随着人工智能的飞速发展，科大讯飞也将发展目光投向了人工智能交互平台等领域。在智能车载领域与奇瑞合作加快车联网进程，研发了讯飞飞鱼汽车助理；在智能家居方面还与京东联合发布了叮咚音像。此外，随着国家在战略层面对人工智能产业愈加重视，以及"十三五"发展期间突出制造业强国，将"制造"变成"智造"成为未来我国人工智能发展的新契机。

（二）区域发展现状

我国的人工智能企业数量在全球居于领先地位，但人工智能企业分布相对集中，主要布局在北京、广东、上海、江苏和浙江经济发展状况领先的地区，其中北京拥有241家人工智能企业，占全国总数的34.13%；广东为134家，占全国总数的18.9%；长三角地区的三个省（直辖市）有110家；这五个省（直辖市）的人工智能企业占全国企业总数的84.95%。深圳是全国发展人工智能较快的地区，拥有强大的互联网和科技信息企业支撑和政府部门的大力扶持，深圳致力于将其发展为智能社会。平安银行、华强集团、中国科学院深圳技术研究院等试图将产、学、研、政和应用协调整合，发布了《人工智能深圳宣言》。深圳2017年的IT领袖峰会的主题即为"迈进智能新时代"。2016年底，工信部联合深圳市政府在北京和深圳召开新闻发布会，会上称2017年的中国电子信息博览会即将聚焦人工智能。另外，四川的人工智能企业数量紧随这五个省（直辖市）之后，拥有23家人工智能企业，占全国总数的3.24%。根据我国的人工智能企业分布情况，我们不难发现东部地区是人工智能发展的核心区域，尤其是北京、长三角和珠三角地区；而中西部地区人工智能的发展则主要集中在重庆和四川。值得关注的是专利影响力和企业影响力杭州优于广州。

（三）存在的问题

虽然我国人工智能产业发展拥有政府的支持、科技企业的积极参与和投入、市场的巨大需求等诸多利好条件，以及在国际社会占领了一席之地，但是由于发展起步较晚，且发展步伐迅猛，难免存在一些问题。

1. 人工智能领域雁式领军人才与复合型创新人才缺乏

众所周知，人工智能产业的发展对相关专业技术的要求非常之高。在人工智能领域，人才是其发展最为关键的因素之一。Google（谷歌）人工智能方面的研究专家就公开表示人工智能发展的最大的障碍就是"人才"。世界各国对于人工智能领域的人才培养都十分重视。人工智能领域需要雁式的领军人才，能够带领一个团队甚至一家本土人工智能企业研发出新成果并转化应用。同时，人工智能领域还需要复合型的创新人才，人工智能虽然源于计算机科学，但同时也需要心理学、社会学等诸多学科相配合，对于学科复合型人才的需求也是不言而喻的。然而，我国目前的人工智能相关领域无论是领军型的人才还是复合型的创新型人才都相对缺乏，并且无论是人才数量还是人才质量都与我国迅猛发展的人工智能产业不能匹配。与美国人工智能领域的专家相比，中国从数量上仅为其1/30。我国人工智能与国外发达国家相比发展较晚，在人才储备上存在较大的弱势。这就需要我国科研院所、高等学校及企业自身在人工智能相关领域创建人才库，吸引国内外相关领域的高端人才参与我国人工智能产业的发展，从供给侧向人工智能产业输送高质量的创新型人才。

2. 领军企业缺乏，技术创新能力不足

我国人工智能产业发展较晚，随着国家从战略层面开始重视人工智能的发展，很多中小型企业也开始追随人工智能产业的发展。虽然目前我国百度、腾讯、搜狗等大型企业在人工智能方面都倾注了一定的资源，但是在人工智能领域方面都没能够达到领军主导的位置。人工智能本就存在着基本设施、技术研发和流通应用三个层次的融会贯通问题。人工智能在发展的历程中在技术方面经历了三次起伏，随着计算机技术的突破，人工智能迎来了第三次高潮，但是在算法的突破上还存在很多关键的问题没有解决，例如深度学习方面还存在很多技术缺陷，缺乏推理能力、短时间记忆能力、无监督学习能力的深度学习。我国虽然投入了大量的资金和人力，也在人工智能技术方面取得了进展，但是对于未来人工智能发展的关键技术我国还应针对性地进行突破，确保人工智能产业的可持续发展。

3. 人工智能产业面临着人伦道德问题的拷问

人工智能产业发展至今已经在技术和应用上都取得了一定的成绩,并且正在从弱人工智能转向强人工智能的研发和应用,但是人工智能的发展对人类自身存在着威胁吗?在这个问题上很多专家、学者和社会人士都存在分歧。霍金曾提出"成功创造人工智能将是人类历史最大的事件,若不懂如何避开风险,这也将是最后的大事"。强人工智能赋予机器以完全的人类思维,那么在价值观上,甚至社会关系上都将对人类的发展产生巨大的冲击。政府在人工智能产业发展过程中的正确引导和监督是解决这一问题的重要手段之一。

4. 全球人工智能产业竞争激烈

我国人工智能产业形成相较于欧美等发达国家和地区相对较晚。虽然我国人工智能产业目前在规模和技术水平上都有了突飞猛进的发展,但美国、日本和欧洲等经济与科技均名列前茅的国家和地区仍然是我国人工智能产业发展的劲敌。发达国家对人工智能产业的重视和关注程度是显而易见的,例如美国在战略层面已经提出着力发展人工智能产业,全球各国对人工智能产业的重视对我国人工智能产业的发展必然存在一定的竞争威胁作用,这也必然是与我国人工智能产业未来发展常相伴的问题。

第四章　我国新一代信息技术产业发展重大行动计划

一、宽带乡村示范工程

近年来，我国对网络基础设施建设不断完善和提升，支撑着我国信息技术产业的发展。但是，随着新一代信息技术产业的发展，网络基础设施显得有些力不从心。我国已经开展了"宽带中国"战略。目前，城市宽带网络基础设施建设得到了较好的完善，但农村地区宽带网络设施条件较为落后，呈现出了较为明显的数字鸿沟。为了能够适配我国新一代信息技术的发展及缩小城乡数字鸿沟，要全面推进"宽带城市"和"宽带乡村"。随着我国信息技术的深入发展，"互联网+"、大数据、物联网、云技术等均对我国网络基础设施提出了更高、更快、更便捷的要求，宽带建设有利于我国新一代信息技术产业的长远发展。为统筹部署我国"宽带乡村"建设，深入贯彻落实《"十三五"国家战略性新兴产业发展规划》和《信息通信行业发展规划（2016-2020年）》的指导。

（一）行动计划目标

整体围绕"宽带中国"战略和"宽带乡村"工程的发展目标，按照"中央资金引导、地方协调支持、企业推进为主"的新思路，全面推进我国宽带网络基础设施建设，完善和升级已有宽带基础设施，增速与安全同进，力争在2020年达成宽带网络基本全覆盖。固定宽带家庭普及率达到

70%，行政村通宽带比例超过98%。提升西部地区、边疆地区、偏远山区农村通信基础设施能力和水平，加快西部及中部、边疆地区偏远地区农村宽带入乡进村，推进其信息化发展。

（二）主要内容

一是开展电信普惠服务试点工作。电信普遍服务试点宗旨是保障全国无论是城市还是乡村的公民能够便捷快速地应用和使用电信服务。结合"宽带中国"战略提出的建设目标，对于全国没能接通宽带的乡村和接通宽带能力低于12Mbps的乡村加速完善宽带建设，一定做到超前布局，避免粗糙建设造成的资源浪费情况。政府部门应对电信企业做到鼓励与监督并存，首先营造公平的竞争环境，然后带动企业参与乡村宽带建设，最后监督项目建设落实情况。

二是积极推进三网融合建设。加快光缆、卫星通信进行政村建设，三网融合需要"宽带乡村"工程的推进，增加光缆建设，此外改造有线电视网络双向化也是促进"三网融合"的重点。"退铜进光"的工作要进一步加快，在"宽带乡村"的建设中要全面覆盖光纤网络。按需实现光纤入户网络和第四代移动通信（4G）网络向自然村和住户延伸覆盖，并积极建设低频LTE（long term evolution，长期演进）网络，加快第五代移动通信（5G）的研发工作。秉承共享理念，在基站等资源上加强共建共享。

目前来看，我国边远地区，尤其是海岛山区的网络覆盖还十分薄弱。"十三五"期间，要充分运用新一代信息产业技术的突破创新对边远地区、山区和海岛等完成宽带网络的覆盖。边远地区、山区和海岛地区宽带网络覆盖是"宽带中国"战略完成的难点，也是"宽带乡村"工程的开展薄弱环节。资金支持边远地区、山区和海岛基站建设和升级，统筹协调固定宽带接入和移动宽带接入并进。

三是加快普及信息化应用。加快普及电子商务、远程教育、远程医疗、智慧农业、电子政务等信息化应用。我国乡村，尤其是偏远地区的农村和山区在教育资源、医疗资源等方面与城市地区相比存在较大差距。此外，农村地区农产品产销不适配也是影响我国农村经济发展的重要因素。

"宽带乡村"正是解决这些问题的"指明灯"。"宽带乡村"能够在一定程度上共享城市教育和医疗资源，并有助于农民开展电子商务，我国部分农村地区已经借助电子商务促进了经济发展。政府部门尤其要带动民间资本进入"宽带乡村"的建设之中，为乡村建设提供资金与活力，当然为了避免恶性竞争，尤其是价格竞争，政府部门要做好监督工作。

四是重视宣传培训，提升人才支撑。要切实加强与新闻媒体配合，认真抓好"宽带乡村"工程建设和农村信息化工作的推广宣传，营造全社会支持农村信息化建设的良好氛围。要进一步加强基站电磁辐射有关知识的舆论引导，让人民群众科学认知电磁辐射相关知识，积极支持通信基础设施建设。要主动适应时代发展步伐，把农村信息化工作机构及人才队伍建设摆上重要议事日程，加快培养一批信息服务员，建立和完善农村信息技术人才队伍，借助各种手段有计划地开展智慧农业、农村电商等信息知识技能培训，提升农村地区信息化人才支撑，服务农村信息化建设和应用。

（负责部门：国家发改委、中共中央网络安全和信息化委员会办公室、工信部、财政部、中国人民银行、国家统计局等按职责分工负责。）

（三）实施途径

一是简政有序快进。深化电信体制改革，有效利用民间资本推动乡村宽带网络基础设施建设。修订完善《电信建设管理办法》，有序加快行政审批手续，加强监管力度，保证市场的公正、公平环境。

二是资金保障落实。政府有效引导，并加大中央预算继续对我国乡村宽带基础设施建设的扶持。对融资体制适时、适度、适当完善，鼓励民进资本的融入，保障"宽带乡村"建设的资金落实。

三是规划衔接实施。统筹规划，建立短期目标的同时更要掌握中长期的宽带建设规划，并做到中长期规划与短期规划的有效衔接。此外，中央总体部署与各地区因地制宜规划制定要充分衔接，保障宽带建设项目的顺利实施。

四是方案细化推进。各地区应根据本行动计划的要求，结合自身特点，合理分解分化目标和任务，制定更为细致的规划方案，推进落实工作任务。此外，国家发改委等相关中央总体部署部门应加强对地方工作的督促和检查。

二、集成电路发展工程

集成电路是当今信息技术产业高速发展的原动力，已广泛渗透、融合到国民经济和社会发展的每个方面，是支撑经济社会发展和保障国家安全的战略性、基础性和先导性产业。新时期，我们应把握全球集成电路产业正在进入重大调整变革期的重大机遇，深入认识到移动智能终端及芯片呈爆发式增长，以及云计算、物联网、大数据等新业态的演进趋势，紧跟技术前沿，抢占市场份额。充分发挥市场优势，营造良好发展环境，激发企业活力和创造力，带动产业链协同可持续发展，加快追赶和超越的步伐，努力实现集成电路产业跨越式发展。

（一）行动计划目标

到 2020 年，集成电路产业与国际先进水平的差距逐步缩小，全行业销售收入复合年增长率为 20%，达到 9 300 亿元。移动智能终端、网络通信、云计算、物联网、大数据等重点领域集成电路产品技术达到国际领先水平，通用处理器、存储器等核心产品要形成自主设计与生产能力，产业生态体系初步形成。16/14 纳米制造工艺实现规模量产，封装测试技术进入全球第一梯队。关键设备和材料进入国际采购体系，基本建成技术先进、安全可靠的集成电路产业体系。

重点突破关键核心技术。加强在存储器［DRAM（dynamic random access memory，动态随机存取存储器）、3D NAND（三维计算机闪存）、PRAM（programmable random access memory，可编程随机存取存储器）］，高端通用芯片［CPU（central processing unit，中央处理器）、GPU（graphics processing unit，图形处理器）、FPGA（field-programmable gate array，现场可编程门阵列）］、高端模拟芯片［高速 AD/DA（analog to digital/digital to analog，模-数转换/数-模转换）、射频芯片］等关键核

心技术上的突破。做强 5G、汽车电子、大数据、有机发光二极管等信息技术核心产业。着力培育建立应用牵引、开放兼容的核心技术自主生态体系，全面梳理和加快推动信息技术关键领域新技术研发与产业化，推动电子信息产业转型升级取得突破性进展。

提升核心基础硬件供给能力。提升关键芯片设计水平，发展面向新应用的芯片。加快 16/14 纳米工艺产业化和存储器生产线建设，提升封装测试业技术水平和产业集中度，加紧布局后摩尔定律时代芯片相关领域。实现主动矩阵有机发光二极管、超高清（4K/8K）量子点液晶显示、柔性显示等技术国产化突破及规模应用。推动智能传感器、电力电子、印刷电子、半导体照明、惯性导航等领域关键技术研发和产业化，提升新型片式元件、光通信器件、专用电子材料供给保障能力。

（二）主要内容

一是着力发展集成电路设计业，大力开发集成电路产品。聚焦移动智能终端和网络通信领域，开发量大面广的移动智能终端芯片、数字电视芯片、网络通信芯片、智能可穿戴设备芯片。提升信息技术产业整体竞争力。加快云计算、物联网、大数据等新兴领域技术研发，开发基于新业态、新应用的信息处理、传感器、新型存储等关键芯片及云操作系统等基础软件。抢占未来产业发展制高点。分领域、分门类逐步突破工业控制、智能电网、智能交通、卫星导航、金融电子、汽车电子、医疗电子等领域关键集成电路。通用处理器、存储器等高端通用产品技术取得重大进展，形成良好的产业生态环境。

（负责部门：工信部牵头，国家发改委、科技部、财政部、交通部、国家能源局、中国人民银行、国防科工局等部门按职责分工。）

二是加速发展集成电路制造业，增强先进和特色工艺能力。加快 45/40 纳米芯片产能扩充，加紧 32/28 纳米芯片生产线建设，推动 22/20 纳米工艺研发，迅速形成规模生产能力，加快 16/14 纳米工艺开发和芯片生产线建设。加强 IP（intellectual property，知识产权）核开发，提升一站式服务能力。大力发展模拟及数模混合电路、微机电系统、高压电路、射频电路等特色专用工艺生产线。

（负责部门：国家发改委牵头，工信部、科技部、财政部等部门按职责分工。）

三是提升先进封装测试业发展水平，提高规模化生产能力。紧贴整机系统应用市场发展的需求，努力开发 QFN（quad flat non-leaded package，四侧无引脚扁平封装）、BGA（ball grid array，球体阵列封装）、PGA（pin grid array，引脚阵列封装）等塑料封装以及各类陶瓷封装、金属封装和新型射频（RF，radio frequency）封装、MEMS（micro-electro-mechanical system，微机电系统）封装、生物电子封装、系统级封装等产品。提高封装测试企业高端先进封装规模化生产能力。提升倒装芯片（flip chip）、芯片级封装、圆片级封装和凸点、多芯片封装、3D 多层堆孔封装等新型封装形式的规模化生产能力。

（负责部门：工信部牵头，国家发改委、科技部、财政部等部门按职责分工。）

四是突破集成电路高端装备和材料的关键技术，增强产业配套能力。加强集成电路装备、材料与工艺结合，研发光刻机、刻蚀机、离子注入机等关键设备，开发光刻胶、大尺寸硅片等关键材料，加强集成电路制造企业和装备、材料企业的运作，加快产业化进程，增强产业配套能力。

[负责部门：工信部牵头，国家发改委、科技部、财政部、国家国防科技工业局（以下简称国防科工局）等部门按职责分工。]

五是建立国家级的集成电路制造技术研发中心。以企业为主体，以产业化为目标，企业、国家、地方共同出资，产学研用相结合。集中建立国家级的集成电路技术研发中心，开展先导技术、共性技术研究，开展新材料、新技术、新器件研究。对于已经成立的，有一定技术基础的，产业化目标明确的国家级集成电路技术研发中心，要重点给予支持，使这些中心成为我国集成电路技术研发基地，成为高端人才培养基地和自主研发的设备、材料的实用化基地。支持高等学校、研究所从事基础性课题的研究工作。

（负责部门：国家发改委牵头，工信部、科技部、财政部、地方的发展和改革委员会等部门按职责分工。）

（三）投资规模

集成电路设计、晶圆制造、封装测试业资产投资规模的测算按照该专业的投入产出比均值测算：设计 1∶2，晶圆制造 1∶0.25，封装测试业 1∶2。

"十二五"期间，集成电路设计业整体研发费用占销售比例为 6%，制造业的研发费用占比为 5%。"十三五"期间，随着企业销售收入的增加，计提的比例提高，研发投入的资金逐年增加。设计业研发占比设定为 9%，制造业设定为 7%，整体集成电路产业研发费用按销售额 8%计提。

根据 2016 年到 2020 年销售收入增量测算：设计业销售增量为 2 600 亿元，新增资产投资 1 300 亿元；制造业销售增量为 1 600 亿元，新增资产投资 6 400 亿元；封装测试业销售增量为 1 400 亿元，新增资产投资 1 261 亿元；2020 年当年，企业提取的研发投入按销售收入 9 300 亿元的 8%计提，为 744 亿元，在"十三五"期间累加 2 000 亿元左右。装备业五年研发资金投入为 180 亿元；材料业五年研发资金投入为 190 亿元。

资产投资规模方面，到 2020 年集成电路设计、晶圆制造、封装测试三业资产投资合计约为 9 000 亿元。装备业五年产业发展资金需投入 120 亿元。材料业五年产业发展资金需投入 330 亿元。

在资产总投资中，晶圆制造业投资额占比 71.4%左右。投资主体、投资渠道多元化，如外资、外商在我国设厂，公司需通过银行贷款，上市公司需通过股市募集资金等。对于中资企业，还包括新建、扩建项目，也包括溢价并购海内外企业两部分。所以这里给出的是所需资金的预估值。

（四）保障措施

一是加强组织领导。成立国家集成电路产业发展领导小组，负责集成电路产业发展推进工作的统筹协调，强化顶层设计，整合调动各方面资源，解决重大问题。成立咨询委员会，对产业发展的重大问题和政策措施开展调查研究，进行论证评估，提供咨询建议。

二是设立国家产业投资基金。国家产业投资基金主要吸引大型企业、金融机构以及社会资金，重点支持集成电路等产业发展，促进工业转型升级。国家产业投资基金实行市场化运作，重点支持集成电路制造领域，兼顾设计、封装测试、装备、材料环节，推动企业提升产能水平和实行兼并重组、规范企业治理，形成良性自我发展能力。支持设立地方性集成电路产业投资基金，鼓励社会各类风险投资和股权投资基金进入集成电路领域。

三是加大金融支持力度。积极发挥政策性和商业性金融的互补优势，支持中国进出口银行在业务范围内加大对集成电路企业服务力度，鼓励和引导国家开发银行及商业银行继续加大对集成电路产业的信贷支持力度，创新符合集成电路产业需求特点的信贷产品和业务。支持集成电路企业在境内外上市融资、发行各类债务融资工具以及依托全国中小企业股份转让系统加快发展。鼓励发展贷款保证保险和信用保险业务，探索开发适合集成电路产业发展的保险产品和服务。

四是落实税收支持政策。进一步加大力度贯彻落实《国务院关于印发鼓励软件产业和集成电路产业发展若干政策的通知》（国发〔2000〕18号）和《国务院关于印发进一步鼓励软件产业和集成电路产业发展若干政策的通知》（国发〔2011〕4号），加快制定和完善相关实施细则和配套措施，保持政策稳定性，落实集成电路封装、测试、专用材料和设备企业所得税优惠政策。落实并完善支持集成电路企业兼并重组的企业所得税、增值税、营业税等税收政策。对符合条件的集成电路重大技术装备和产品关键零部件及原材料继续实施进口免税政策，以及对有关科技重大专项所需国内不能生产的关键设备、零部件、原材料实施进口免税政策，适时调整免税进口商品清单或目录。

五是加强安全可靠软硬件的推广应用。组织实施安全可靠关键软硬件应用推广计划，以重点突破、分业部署、分步实施为原则，推广使用技术先进、安全可靠的集成电路、基础软件及整机系统。国家扩大内需的各项惠民工程和财政资金支持的重大信息化项目的政府采购部分，应当采购基于安全可靠软硬件的产品。鼓励基础电信和互联网企业采购基于安全可靠软硬件的整机和系统。充分利用扩大信息消费的政策措施，推动基于安全可靠软硬件的各类终端开发应用。面向移动互联网、云计算、物联网、大数据等新兴应用领域，加快构建标准体系，支撑安全可靠的软硬件开发与应用。

六是强化企业创新能力建设。推动形成产业链上下游协同创新体系，支持产业联盟发展。鼓励企业成立集成电路技术研究机构，联合科研院所、高校开展竞争前共性关键技术研发，引进海外高层次人才，增强产业可持续发展能力。加强集成电路知识产权的运用和保护，建立国家重大项目知识产权风险管理体系，引导建立知识产权战略联盟，积极探索与知识产权相关的直接融资方式和资产管理制度。在集成电路重大创新领域加快形成标准，充分发挥技术标准的作用。

七是加大人才培养和引进力度。建立健全集成电路人才培养体系，支持微电子学科发展，通过高校与集成电路企业联合培养人才等方式，加快建设和发展示范性微电子学院和微电子职业培训机构。依托专业技术人才知识更新工程，广泛开展继续教育活动，采取多种形式大力培养培训集成电路领域高层次、急需、紧缺和骨干专业技术人才。有针对性地开展出国（境）培训项目，推动国家软件与集成电路人才国际培训基地建设。通过现有渠道加强对软件和集成电路人才引进的经费保障。在"千人计划"中进一步加大对引进集成电路领域优秀人才的支持力度，研究出台针对优秀企业家和高素质技术、管理团队的优先引进政策。支持集成电路企业加强与境外研发机构的合作。完善鼓励创新创造的分配激励机制，落实科技人员科研成果转化的股权、期权激励和奖励等收益分配政策。

八是继续扩大对外开放。进一步优化环境，大力吸引国（境）外资金、技术和人才，鼓励国际集成电路企业在国内建设研发、生产和运营中心。鼓励境内集成电路企业扩大国际合作，整合国际资源，拓展国际市场。发挥两岸经济合作机制作用，鼓励两岸集成电路企业加强技术和产业合作。

三、大数据发展工程

在新技术变革的驱动下，数据已日益成为国家重要的基础性战略资源,以容量大、类型多、存取速度快、应用价值高为主要特征的大数据,正逐步对全球生产、流通、分配、消费活动以及经济运行机制、社会生活方式和国家治理能力产生潜移默化的影响,对推动经济社会发展和提升国家治理能力的巨大价值已初步显现。在大数据时代,一国拥有数据的规模、活性及对其解释、运用的能力,将成为综合国力的重要组成部分。目前,我国互联网、移动互联网用户规模居全球第一,拥有丰富的数据资源,这为我国大数据发展提供了先天的优势。近年来我国在数据存储、分析等相关技术和大数据方面的应用发展迅速,为大数据时代的发展打下了坚实的基础,但也存在数据开放共享仍处于探索中、产业生态不完善、数据安全风险严峻、相关制度体系建设滞后、核心技术自主可控有待突破、基础设施建设有待优化等问题。因此,需要紧抓时代发展的机遇,利用我国大数据发展的优势条件,以战略为指引,以重大工程为抓手,推动大数据产业的发展,全面建设数据强国。

（一）行动计划目标

（1）到2020年完成全国一体化的国家大数据中心的工程建设,初步形成开放、共享、有序流动的大数据健康、开放的发展环境;

（2）以保障安全可控为重点,以维护网络空间安全能力建设为目标,打造安全有序的发展环境;

（3）到2020年,逐步完善主要领域大数据标准的制定,同时积极参与国际标准的制定,在大数据发展上具备一定的国际话语权,形成相对完善的制度保障环境;

（4）到2020年在数据采集、数据存储、数据分析、数据可视化等大数据各个技术环节培育一批具备国际竞争力的技术型企业,引领我国大数据产业的创新发展;

（5）打造完善的大数据产业生态体系,到2020年形成完备、健康的大数据产业发展环境,大数据产业规模突破万亿元;

（6）以辅助决策、优化服务为目标,推动国家治理体系和治理能力现代化,在2020年构筑完善、高效、合理的全国电子政务体系。

（二）主要内容

一是构建全国一体化的国家大数据中心，推动数据的开放共享。顶层设计是国家大数据中心这一系统工程纲领性和路线性的建设宗旨、目标和实施战略，因此，亟须从国家层面上考虑全国一体化的大数据中心整体的体系架构设计，从整体上推动数据融合、业务融合的建设进程。二是大数据中心建设要整合资源、优化布局，形成业务统筹指导，以系统建设为主体，多方参与的协同建设与发展模式。积极探索全国一体化国家大数据中心建设运营机制，使大数据中心从建设走向运营发展。由相关部委指导，以体系化的思维、全局化的视角、完善制度体系为手段，整合资源、优化布局，发挥统筹协调、指导调控和牵引保障作用。以国有大型企业为系统建设和运营主体，以国家战略需求为导向，以保障安全为基础，以支撑决策、产生价值为目标，进行体系架构设计、建设和运维。全社会多方参与，形成"全国一网、数据归心"的国家级、区域级、城市级、行业级大数据中心一体化建设运行模式。三是以共享、共用为建设思路，实行分级、分类的体系建设。大数据中心的建设内涵就是要实现互联、互通、共享、共用的融合发展。以大数据国家、"互联网+"、网络强国等国家战略为指导，积极发挥法律的保障作用和技术的支撑作用，要做好资源共享共用的规范化操作，以共建、共享和共用为理念，统一标准，确保质量，并以此为基础，推进各级部门、各个领域资源的依法共享、共用。一体化的大数据中心体系建设应合理优化布局、按需建设、分级规划、分类管理，构建分级、分类、有序、常态化、体系化的一体化大数据中心体系，实现数据共享共用、技术创新融合、业务协同发展、管理规范有序的全要素发展格局。到 2020 年完成全国一体化的国家大数据中心的工程建设，初步形成健康、开放、共享、有序流动的大数据发展环境。[负责部门：国家发改委、中共中央网络安全和信息化委员会办公室牵头，国务院办公厅、工信部、科技部、公安部、人力资源和社会保障部（以下简称人社部）、自然资源部、文化部、中国人民银行、国家工商行政管理总局、国家质量监督检验检疫总局、应急管理部、司法部、国家统计局、自然资源部、中科院、国家国防科技工业局（以下简称国防科工局）、国家海洋局等按职责分工负责。]

二是以保障安全可控为重点，以维护网络空间安全能力建设为目标，打造安全有序的发展环境。确保数据安全，维护网络空间安全，保障国家安全是大数据发展的重中之重。安全与发展是"一体之两翼、驱动之双轮"，如果安全没有保障，则发展无从谈起。首先，充分发挥大数据在全社会安全风险感知、分析、识别、判断的能力，加强大数据在公共安全、反恐维稳、军事安全等国家安全领域的示范和应用平台的建设，使大数据成为保障网络空间安全、维护国家安全的利器。其次，设立国家信息安全专项资金鼓励和支持数据安全关键技术的研发、实验和应用，形成关键基础设施核心技术的自主可控能力；设立大数据安全技术成果转化示范区，给予积极的政策扶持和资金保障政策，提高大数据安全技术从研发、推广和产业成果转化的效率，实现从安全技术到安全可信产业和服务的高效转化，推动大数据安全产业的发展。最后，完善大数据安全保障体系，由相关部委牵头，各相关部门协同参与，制定大数据安全管理办法，建立数据跨境流动保障机制，完善网络安全审查制度，同时各相关部委制定本领域内数据安全管理办法，各地方制定数据安全管理办法，并配套相关保障机制。（负责部门：中央网信办、工信部、公安部牵头，安全部、海关总署、国防科工局、科技部、国家密码管理局、国家保密局等按职责分工负责。）

三是统筹标准、完善制度，为大数据产业发展提供基本支撑。一是突破建设标准不统一、数据接口不一致、共享标准不明确、数据资源难融合的标准化障碍，完善大数据相关标准体系建设；二是探索完善大数据相关制度体系建设，明确大数据权属，制定大数据交易规则，完善数据采集、使用、传输规范，健全数据共享开放原则、数据安全防护的措施、数据跨境流动的保障机制、数据管理的规范等相关法律和制度体系。可选取相应地区建立制度探索示范区，探索大数据相关制度的示范，并逐步推广，形成完善的大数据制度体系，为大数据实现高效、安全、健康、有序的一体化发展提供保障。到2020年，逐步完善主要领域大数据标准的制定，同时积极参与国际标准的制定，使我国在大数据发展上具备一定的国际话语权；完成相关制度的制定，形成相对完善的制度保障环境。（负责部门：国家发改委、中共中央网络安全和信息化委员会办公室、工信部牵头，公安部、司法部、国家标准化管理委员会、国防科工局等按职责分工负责。）

四是加强大数据技术研发，营造创新发展环境。以技术研发、应用为核心，营造技术创新环境，到 2020 年在数据采集、数据存储、数据分析、数据可视化等大数据各个技术环节培育一批具备国际竞争力的技术型企业，引领我国大数据产业的创新发展。鼓励和培育大数据技术创新企业和初创企业的发展，加大技术研发的资金投入和政策保障力度，设立技术创新培育基金，扶持中小企业技术创新发展；建立科研机构、高校和大数据企业的技术创新实验室，推动产学研用的有效结合；加大人才培养和引进力度，设立创新人才培养基金，同时加强知识产权保障机制的完善，保障创新主体的合法权益，同时设计技术成果孵化平台和技术成果转化扶持机制，推动技术成果的产业化。（负责部门：科学技术部牵头，国家发改委、中共中央网络安全和信息化委员会办公室、工信部、中国科学院、中国工程院、教育部、中国共产党中央军事委员会科学技术委员会等按职责分工负责。）

五是打造完善的大数据产业生态体系。打造经济新动能，发展数字经济，大数据是基础。大数据产业的发展应以市场为驱动、服务为导向、技术为工具，强化技术创新能力、应用服务能力、协同共享能力、安全可控能力，实现"平台即服务、技术即服务、数据即服务"，推动大数据技术产品、应用模式、商业模式融合、创新和发展；推动大数据技术与传统产业的融合发展，如建立大数据与传统制造业的融合发展示范区，让大数据成为推动传统产业转型升级的有效手段；推动大数据在城市智能化发展中的产业化发展，以雄安绿色智慧新城建设为示范，打造数字化应用的智慧标杆，建设绿色之地、数字之都、梦想之城；以区域为示范，为培育大数据产业集群，打造大数据产业集聚区，形成以区域为核心的大数据产业集聚能力。到 2020 年形成完备、健康的大数据产业发展环境，大数据产业规模突破万亿元。（负责部门：国家发改委、工信部牵头，中共中央网络安全和信息化委员会办公室、住房和城乡建设部、交通运输部、生态环境部、中国人民银行等按职责分工负责。）

六是以辅助决策、优化服务为目标,推动国家治理体系和治理能力现代化。以电子政务和新型智慧城市为抓手,以数据集中共享为手段,推动全国信息资源在国家安全、社会治理、经济建设、生活服务等方面的深度开发和综合运用。启动国家电子政务工程建设,试点先行,打造电子政务示范工程,在2020年构筑完善、高效、合理的全国电子政务体系,形成现代化的国家治理能力;以城市为试点,推广大数据在智慧交通、智慧医疗、城市公共安全等公共服务领域的应用,形成全域覆盖、全网一体、全时在线、全维应用,便捷、高效、精准的国家大数据发展服务体系。(负责部门:国家发改委、中共中央网络安全和信息化委员会办公室、工信部牵头,中国共产党中央委员会宣传部、公安部、民政部、应急管理部、司法部、财政部、教育部、国家卫生和计划生育委员会、文化和旅游部、国家民族事务委员会、司法部、交通运输部、国家标准化管理委员会等按职责分工负责。)

（三）实施途径

以国家"十三五"规划提出的创新、协调、绿色、开放、共享的新发展理念为指导,深入贯彻落实《促进大数据发展行动纲要》、《"十三五"国家战略性新兴产业发展规划》、《关于运用大数据加强对市场主体服务和监管的若干意见》、《国务院关于印发"十三五"国家信息化规划的通知》和《国家信息化发展战略纲要》等国家战略规划,以供给侧结构性改革为主线,牢牢把握信息技术革命和经济新常态下的产业变革趋势,坚持创新引领、科学规划、适度超前,加强技术创新,推动技术成果转化;推动大数据产业生态完善;推动大数据与传统产业的融合发展,探索经济发展的新模式、新业态,形成健康、有序的大数据发展环境。

一是规划落实。强化主体责任,由国家发改委会同工信、网信、公安、科技、教育、交通、财政等部门,明确项目总体目标、年度目标,合理布局规划,协同推进相关项目的落地实施,并与全国各个地方政府、相关企业做好项目的规划衔接、协调、监督、评估、审核、验收等工作。

二是资金支持。利用中央财政预算内投资进行大数据科技创新、相关设施建设、人才培养等,同时积极吸引社会资本的投入,扩展资金来源,形成多元化的投融资模式。

四、人工智能创新工程

人工智能孕育着新一轮技术革命，是新时期我国经济社会发展的战略性科技领域，是壮大信息经济的重要抓手，是建设网络强国、推动转型升级的关键支撑，正成为新一代科技革命的排头兵，是影响未来国家实力的重要组成。中国作为向科技强国进军的科技大国，在人工智能基础研发、人才培养、互联网应用方面有着独特优势，我们需要把握时代机遇，加快人工智能发展重大工程的推进，在促投资、稳增长、惠民生以及发展新经济、培育新动能方面实施行动。

（一）行动计划目标

贯彻落实创新、协调、绿色、开放、共享的发展新理念，深入贯彻落实《"十三五"国家战略性新兴产业发展规划》、《国务院关于印发"十三五"国家信息化规划的通知》、《国家信息化发展战略纲要》和《"互联网+"人工智能三年行动实施方案》等国家战略规划，牢牢把握信息技术革命和产业变革趋势，坚持引领示范与整体推进并举，适度超前与节约利用兼顾，应用升级与监管保障衔接，既有设施扩容与新兴技术部署并重，进一步强化基础理论研发，加快基础设施平台搭建，为我国科技强国战略提供坚实保障。

（二）主要内容

一是加快人工智能基础研究和核心技术研发投入，培育创新主体。软件方面，重点在人工智能基础理论研发，如大数据智能、机器学习理论等应用基础研究加大研发投入，提升人工智能系统的数据挖掘能力、感知能力并探索其局限性，同时推动系统革新，包括可扩展、类人的、通用的人工智能系统的研发；在硬件方面，优化人工智能算法和软件硬件处理能力，并改进硬件体系架构。同时推动智能感知、人机交互等共性技术研发，以及智能网联汽车、无人汽车、智能机器人等重点产品开发，智能制造、智能交通等成果应用方面，启动一批重大主题专项项目，每个项目投入资金100万~2000万。打造智能超算、类脑计算、机器视觉、智能机器人等新型研发机构100个以上，培育新型研发机构1000个以上，优先支持其申报人工智能重大主题专项，引进培养高端研发人才10000名以上。推动软硬件系统演进。（负责部门：国家发改委牵头，国务院办公厅、工信部、科技部、教育部、中国科学院、国防科工局、中国人民银行等按职责分工负责。）

二是加快人工智能基础设施平台建设。坚持应用牵引，全面建立"数据驱动、知识指导"相结合的计算新模式，形成从数据到知识、从知识到智能的能力。加快视频、地图及行业应用数据等人工智能海量训练资源库和基础资源服务公共平台建设，建设支撑大规模深度学习的新型计算集群。

搭建新型超大规模计算机集群，面向语音、图像、地理等信息，集成音频、视频、图片、三维模型、地理信息等格式数据，建设面向全行业应用的人工智能基础资源数据库，支持云端智能分析处理，力求具备数据自动标签、智能分类功能，能够提供人脸识别、文字识别、在线语音识别等辅助分析功能，为人工智能生态体系开发与建设提供基础性、公共性服务。在创新设计、科学研究、文物保护、智慧医疗、智能经济等方面开展示范验证和服务。（负责部门：国家发改委牵头，国务院办公厅、工信部、科技部、教育部、中国科学院、文化部、国家卫生健康委员会、中国人民银行、国家统计局、各地方的发展和改革委员会等按职责分工负责。）

三是推进重点技术应用产业化建设。深入理解人工智能重大领域及潜在应用，把握人机系统将成为未来社会重要生产力的发展趋势，利用好我国互联网基础设施及数据优势，推进人机协作智能系统的开发与应用，利用人工智能造福民众。加快基于人工智能的计算机视听觉、生物特征识别、新型人机交互、智能决策控制等应用技术研发和产业化。对以知识为引擎、具有生物感知特性的仿脑样机、人机共驾系统、脑控机器人、复杂极端环境机器人、服务机器人等应用着力引导扶持，形成若干全球领先的人工智能骨干企业，基本形成人工智能技术标准、服务体系和产业生态链，形成千亿级的人工智能市场应用规模，总体技术、产业发展与国际同步。把握更多初创企业兴起的整体趋势，加大政府政策扶持力度，重视人工智能产品形态打造的引导，鼓励各部门推出基于人工智能的项目，搭建紧密联系军用、商用、民用以及行业与地域之间的桥梁，使得人工智能产品优势向更宽领域渗透。对提升国家治理、维护社会公平正义、促进经济增长、改善教育和就业、增强国家安全以及在智能制造、智能城市、智能医疗、公共安全、金融服务、公共交通、公共服务等领域开展人工智能应用的研发和示范有积极作用，发展多元化、个性化、定制化智能硬件和智能化系统，重点推进智能家居、智能汽车、智慧农业、智能安防、智慧健康、智能机器人、智能可穿戴设备等研发和产业化发展。加快实现典型示范应用。鼓励各行业加强与人工智能融合，逐步实现智能化升级。利用人工智能创新城市管理，建设新型智慧城市。推动专业服务机器人和家用服务机器人应用，培育新型高端服务产业。（负责部门：国家发改委牵头，国务院办公厅、工信部、科技部、教育部、中国科学院、文化和旅游部、国家卫生健康委员会、中国人民银行、国家统计局等按职责分工负责。）

四是积极推进人工智能创新保障机制建设，构建良性发展环境。伦理法律社会影响、安全与保障、标准与基准、数据集合环境、有能力的从业人员五个维度共举，构建人工智能良性研究与发展的优质外部环境。构建人工智能公共服务平台和向社会开放的骨干企业研发服务平台。建立健全人工智能"双创"支撑服务体系。建立人工智能与机器学习国家技术委员会，专门负责跨部门协调人工智能的研究与发展工作，支撑新技术和新业态的跨界融合与创新服务。建立人工智能社会管理中心，充分研究人工智能技术进步引发的社会及公共政策问题，评估人工智能技术和产品可能带来的风险，保持对人工智能进展的监控，并积极调整现有的监管框架和措施，保持灵活性，确保人工智能的发展与监管相互适应。通过系统地管理与控制，尽可能地减少负面影响。完善人才培养体系，推动各类高校的人工智能学科建设，梳理与数学、计算机、生物等相关的交叉学科之间的关系。重点培养具有创新力的高级专业人才。探索并设立人工智能教育和培训项目，支持科研机构、高校、企业联合建设培训基地。加强公共领域的交流培训。探索设立"政府人工智能培训计划"，增加政府间人员的交流项目，建立起政府工作人员对人工智能发展情况的动态跟进机制，确保政府官员对人工智能充分理解和使用。（负责部门：中共中央网络安全和信息化委员会办公室牵头，工信部、科学技术部、人社部、文化部、中国人民银行、国家工商行政管理总局、安全部、海关总署、国防科工局、国家密码管理局、国务院法制办公室、国家统计局、中国科学院等按职责分工负责。）

（三）实施途径

一是规划落实。强化主体责任，国家发改委同工信、网信、科技、教育、交通、财政、卫生等相关部门与各大人工智能国家战略及重大计划有机衔接，明确项目总体目标、年度目标，合理布局规划，协同推进相关项目的落地实施，并与全国各个地方政府、相关企业做好项目的规划衔接、协调、监督、评估、审核、验收等工作。

二是资金保障。政府有效引导，并加大中央预算继续对人工智能发展的扶持。利用中央财政预算内投资进行大数据科技创新、相关设施建设、人才培养等，同时积极吸引社会资本的投入，扩展资金来源，形成多元化的投融资模式。

三是方案细化。各地区应根据本行动计划的要求，结合自身特点，合理分解分化目标和任务，制定更为细致的规划方案，推进落实工作任务。此外，国家发改委等相关中央总体部署部门应加强地方工作的督促和检查。

第五章　我国新一代信息技术产业成熟度评价

一、超高清（4K/8K）量子点液晶显示产业成熟度评价

（一）产业发展方向简介

人工智能、大数据、物联网等当下热门技术的发展导致了信息量的指数增加与膨胀，显示是物联网的终端，人们对于显示的需求会越来越高，在呈现色彩逼真、信息充足的显示画面方面，超高清（4K/8K）量子点液晶显示成为未来显示所需求的一种重要技术。目前市面上流行的，全高清（full hign definition，FHD）的分辨率是 1 920×1 080 像素，4K 的分辨率是 3 840×2 160 像素，而 8K 的分辨率为 7 680×4 320 像素，是 4K 的 4 倍，FHD 的 16 倍，拥有更惊人的细节刻画效果及画面表现力，即将超越人眼视觉极限，使人们获得超高逼真的视觉体验。一般来说，普通液晶显示的国家电视标准色域很难超过 90%（主流产品常见的是 70%~80%），采用量子点技术（利用量子点的窄谱光致激发辐射特性）之后，国家电视标准色域可以达到 95% 甚至 110%，并且推广成本很低，将是未来 LCD（liquid crystal display，液晶显示器）升级方向和标配趋势。量子点技术和液晶显示技术结合后，即所谓超高清（4K/8K）量子点液晶显示技术。其实早在 1995 年，NHK（Nippon Hoso Kyokai，日本放送协会）就开始了

8K 分辨率的研究，相关的硬件设备由多家日本巨头联合研发。2015 年国际消费类电子产品展览会（International Consumer Electronics Show，CES）上，夏普展示了世界上第一台符合 8K 测试播放标准的电视；三星展示了 110 英寸 8K 电视，采用京东方的 8K 面板；LG 电子展示了 55 英寸的 8K 显示屏；松下也带来了 8K 解决方案。在电视行业几大巨头的带领之下，8K 技术之战的号角正式吹响。三星在 2011 年开始研发量子点液晶显示，并在 CES 2017 上推出了全新的量子点发光（quantum dot light emitting diodes，QLED）电视，2017 年 3 月发售了四款 Q 系列 QLED 电视。目前许多国际电视制造巨头均已推出量子点电视，预示着量子点技术的逐渐成熟。鉴于量子点技术和液晶显示技术易于结合，近几年已有多款超高清（4K/8K）量子点液晶产品在 CES 上出现。

（二）重大突破性技术的技术现状

随着近几年国内外高世代线的逐步投建（8.5 代、京东方 10.5 代），大尺寸显示面板生产技术逐渐成熟。同时铟镓锌氧化物（indium gallium zinc oxide，IGZO）出现与不断发展，低于 350℃的生长以及后处理温度使得 IGZO 可以用磁控溅射的方法大规模生长在玻璃衬底上面（例如 Gen 10 是 3.1 米×2.9 米），这使得 4K 显示逐渐普及，不久将来 8K 显示也将逐步成熟。量子点目前主要采用 On Surface 的集成方案，这种方法消耗的量子点材料较多，但技术成熟，目前主要是 3M 公司（Minnesota Mining and Manufacturing，明尼苏达矿务及制造业公司）和 Nanosys 公司的量子点色彩增强膜（quantum dot enhancement film，QDEF）技术，以及 Nanoco 公司的无镉量子点技术采用这种封装方法。其中关键的两个技术为量子点材料的合成以及水汽阻隔膜制备，目前均已处在量产阶段。

超高清（4K/8K）液晶显示技术、量子点显示技术成熟度（technology readiness level，TRL）评为 TRL8 级，预计技术处于完全成熟时间（TRL9）为 2020 年。

（三）重大突破性技术的制造现状

目前超高清（4K/8K）液晶显示面板已经实现了初步量产，比如日本夏普，韩国 LG、三星，国内京东方，但是面板良率目前仍然比较低（8K，面板尺寸越大、分辨率越高，良率越低），相应的成本居高不下，这导致相应的超高清（8K）液晶显示面板仅以小批量定制化的方式进行量产和出货（4K 面板已经较大批量产，处在市场普及阶段）。量子点中关键的两个技术量子点材料的合成以及水汽阻隔膜制备，目前均已处在量产阶段，但由于其技术壁垒较高，参与厂商较少，其单价一直保持在量子点显示整个环节中最高的水平。

将超高清（4K/8K）液晶显示技术、量子点显示技术制造成熟度（manufacturing readiness levels，MRL）评为 MRL8 级，预计制造处于完全成熟时间（MRL10）为 2025 年。

（四）重大突破性技术的市场现状

目前超高清 4K 液晶显示处在普及阶段，市场占有率不断提升，中国将继续主导 4K 电视市场，2017 年电视出货量中将近 60%将搭载 4K 面板。面板制造商已将 8K 分辨率纳入其技术蓝图与产品规划中，随着中国 LCD 新工厂开始生产，这一进程将会加快。Sigmaintell（群智咨询）预测，到 2022 年，8K 面板的出货量将达到 820 万台，渗透率提升到 3.3%。2017 年新型显示方案中量子点电视 600 万台，相比 2016 年增长一倍。预计到 2020 年全球量子点膜的市场规模将由 2016 年的 3 亿美元提升到 15 亿美元，百亿元人民币市场规模。当前我国超高清 4K 液晶显示市场前期投入大、市场收入低；从业人员以研发人员为主，但生产和销售人员开始增加；产品处于导入阶段，产品销售只集中在少数企业；产品尚处于商业示范阶段，占有率较低。产品具有较强的竞争力，少数企业具有核心技术，技术壁垒较高。

将超高清（4K/8K）液晶显示技术、量子点显示市场成熟度（market maturity level，MML）评为 MML1 级，预计市场处于完全成熟时间（MRL3）为 2030 年。

综上，将超高清（4K/8K）液晶显示技术、量子点显示产业成熟度评为 MML1 级（萌生阶段），预计到"十三五"末（2020年）产业成熟度处于 MML2 级（培育阶段）。

（五）培育发展建议

一是注重优势高端企业的重点培育，重点培养企业高端产品及技术的竞争力，以市场导向的检验，减少地方不必要的重复低端投资，适当考虑将优势高端企业中的偏低端生产力及技术向地方转移，避免资源浪费及无序竞争。

二是加强企业高端人才队伍的养成，提升企业对高端人才的吸引力，以及注重对创造性工作的鼓励与积累，从长期以及根本上提升高新技术企业的核心竞争力。

三是加强对我国知识产权的保护以及企业知识产权意识的提升。

二、集成电路产业成熟度评价

（一）产业发展方向简介

集成电路是现当今信息技术产业高速发展的原动力，是支撑经济社会发展和保障国家安全的战略性、基础性和先导性产业。

2016年全球集成电路市场规模达到 2 727 亿美元，预计2017年将达到 2 814 亿美元。区域分布来看，集成电路产业主要分布在北美、欧洲、日本和亚太地区。同时，也已形成以 Intel（英特尔）、三星、高通等为代表的龙头企业。

当前，我国已成为全球最大的集成电路市场，而国内市场供给不足矛盾十分突出，自给率不足20%，主要依赖进口，2016年我国集成电路进口金额高达 2 270.7 亿美元。2014 年以来，我国政府相继出台《国家集成电路产业发展推进纲要》、《中国制造2025》、国家重大科技专项等集成电路相关政策，国家和地方性集成电路产业投资基金也相继成立，我国集成电路产业的发展环境进一步优化，具备和国际市场竞争的基础。

（二）重大突破性技术的技术现状

当前全球芯片厂商已基本实现14/16纳米量产，并将竞争转向10纳米和7纳米。高通的骁龙820、821采用三星的14纳米FinFET（fin field-effect transistor，鳍式场效应晶体管）工艺，10纳米工艺将应用在下一代的A11处理器和骁龙835处理器上。英特尔在2016年完成14纳米产品的更新换代，并进入10纳米开发。

设计方面，我国涌现出海思、展讯等一批具有实力的设计企业，芯片厂商设计整体实力开始进入世界前列。华为已发布自主设计的10纳米人工智能芯片970。封装测试方面技术水平与国际先进水平接轨，长电科技已经实现集成度最高和精度等级最高的SiP模组的大规模量产。

将集成电路14纳米工艺技术成熟度评为TRL8级，预计技术处于完全成熟时间（TRL9）为2020年。

（三）重大突破性技术的制造现状

芯片制造是我国集成电路产业链中的薄弱环节。全球领先的芯片制造商已进入10纳米量产阶段。三星、英特尔等已经开始部署7纳米甚至更小纳米的量产。而我国最先进的制造技术是中芯国际的28纳米制造工艺，14纳米工艺研发还在进行中，与国际领先水平的10纳米量产和7纳米研发存在2代的差距，差距明显。

将集成电路14纳米制造成熟度评为MRL4级，预计制造处于完全成熟时间（MRL10）为2025年。

（四）重大突破性技术的市场现状

从IC产品的工艺线宽来看，目前，28纳米及以下IC产品已经占据国内集成电路市场55%的份额，需求较为集中。而国内现阶段能够提供28纳米技术解决方案的企业屈指可数，而14纳米的则没有。远不能满足国内的内需市场要求，海思等厂商10纳米产品依靠目前国外代工。当前我国集成电路市场前期投入大、市场收入低；从业人员以研发人员为主，但生产和销售人员开始增加；产品处于导入阶段，产品销售只集中在少数企业；产品尚处于商业示范，占有率较低。产品具有较强的竞争力，少数企业具有核心技术，技术壁垒较高。

将集成电路市场成熟度评为 MML2 级，预计市场处于完全成熟时间（MRL3）为 2025 年。

综上，将集成电路产业成熟度评为 MML1 级（萌生阶段），预计到"十三五"末（2020 年）产业成熟度处于 MML2 级（培育阶段）。

（五）培育发展建议

一是着力发展集成电路设计业，大力开发集成电路产品。聚焦移动智能终端和网络通信领域，开发量大面广的移动智能终端芯片、数字电视芯片、网络通信芯片、智能可穿戴设备芯片。

二是加速发展集成电路制造业，增强先进和特色工艺能力。推动 16/14 纳米工艺开发和芯片生产线建设。

三是提升先进封装测试业发展水平，提高规模化生产能力。

四是突破集成电路高端装备和材料的关键技术，增强产业配套能力。

三、半导体照明产业成熟度评价

（一）产业发展方向简介

半导体发光二极管（light emitting diode，LED）照明具有节能、环保和寿命长等优点，应用领域广泛、产业带动性强、节能潜力大，被各国公认为最有前景的高效照明产业。其中，LED 外延片、芯片作为半导体照明的上游核心，其技术及产品的发展将直接影响 LED 照明市场格局变化。由于大尺寸的氮化镓（GaN）同质衬底价格极其昂贵，量产困难，主流 LED 芯片技术还是基于蓝宝石和碳化硅异质衬底外延。但异质外延由于衬底与外延层间失配较大，显著影响 LED 外延层质量和芯片的光电性能。因此，在大失配衬底上外延高质量高光效大功率的 LED 芯片成为半导体照明的核心关键，主要改进技术包括缓冲层、插入层、图形衬底、非极性面/半极性面衬底等。早前蓝宝石和碳化硅异质衬底外延的关键技术被日亚、丰田合成、欧司朗、Cree（科锐）等国际上少数几家大公司垄断。中国在2000年左右进入氮化镓基LED照明领域，近些年随着政府的大力支持，中国LED芯片外延产业进步明显，光效等性能指标已经接近甚至达到国际一流水平。据行业统计，目前LED芯片国产化率大约为85%，LED外延产能为全球第一，主流外延尺寸为4英寸，正在逐步往6英寸转变。蓝宝石衬底、图形蓝宝石衬底等均实现了国产化自制，以蓝晶、奥瑞德、中图等国内企业为代表。中镓、纳维等企业更是实现了GaN同质衬底量产。国内LED芯片外延产业正在逐步承接外国LED产业转移浪潮。

（二）重大突破性技术的技术现状

2016年，我国功率型白光LED产业化光效为160 lm/W（国际厂商176 lm/W）；LED室内灯具光效超过90 lm/W，室外灯具光效超过110 lm/W；具有自主知识产权的功率型硅基LED芯片产业化光效150 lm/W，硅基黄光LED（565纳米）光效达到130 lm/W，硅基绿光LED（520纳米）光效超过180 lm/W，达到国际领先水平；深紫外LED技术进一步提升，280纳米深紫外LED室温连续输出功率超过20 mW，处于世界先进水平；LED小间距显示屏产品产业化最小间距已达0.9mm（P0.9）。

将半导体照明技术成熟度评为TRL9级，预计技术处于完全成熟时间（TRL9）为2020年。

（三）重大突破性技术的制造现状

目前，我国在LED照明领域上中下游产业链布局完整。上游外延衬底材料，包括蓝宝石衬底、图形蓝宝石衬底、GaN同质衬底等均具备量产能力，蓝宝石衬底具备2~6英寸的规模量产能力，GaN同质衬底也正初步具备2英寸量产能力。主流LED芯片外延尺寸正逐步由4英寸往6英寸发展。而LED芯片的金属有机MO反应源也由南大光电实现了国产化替代。MOCVD（metal-organic chemical vapor deposition，金属有机化合物化学气相沉淀）外延设备制造商中微半导体的Prismo A7^{TM}机型出货量已突破 100 台，包括三安光电和华灿光电等设备可容纳多达 4 个反应腔，同时加工 136 片 4 英寸外延片，正在逐步实现对德国厂商 Aixtron（爱思强）和美国厂商 Veeco（维易科）替代。具备自主知识产权的硅衬底外延 LED 技术由南昌大学、晶能光电在国际上率先研制成功及产业化，打破了日美等国在该领域的技术垄断。

将半导体照明制造成熟度评为 MRL10 级，预计制造处于完全成熟时间（MRL10）为 2025 年。

（四）重大突破性技术的市场现状

LED 照明行业是 LED 应用比重最大的部分，占整体应用市场的比重达48%，其需求也将带动 LED 市场发展。2016 年全球 LED 照明行业的市场规模约为350亿美元，到2020年有望提高至650亿美元，将拉动新增产能的消化。受到需求增长的影响，2017~2020 年 LED 芯片产值年复合增长率将达到8%，到2020年全球 LED 芯片产值将超过80亿美元。2016 年国内芯片出口占国内芯片总产值的 9.6%，同比提高 1.6 个百分点，同时国内产能增速为 24%，超过全球增速 13 个百分点。随着海外产能向国内转移，中国 LED 芯片在全球的市占率持续提升。国内大厂具备资金、技术和规模优势，积极扩产、抢占市场份额，洗牌效应明显，竞争更为集中，行业走向寡头垄断格局。当前我国半导体照明收入规模增加，实现盈利；从业人员数量和结构趋于稳定；市场结构上，产业经过并购整合调整，形成了以少数规模大实力强的企业为龙头的完整产业链；市场供需平衡，占有率高且趋于平稳；产业竞争力优势明显；产业规模经济效益显现，进入壁垒高。

将半导体照明市场成熟度评为 MML3 级，预计市场处于完全成熟时间（MRL3）为 2020 年。

综上，将半导体照明产业成熟度评为 MML3 级（成熟阶段），预计到"十三五"末（2020 年）产业成熟度处于 MML4 级（成熟阶段）。

（五）培育发展建议

从外延衬底材料看：①基于主流的蓝宝石衬底，要致力于外延尺寸向大尺寸发展，致力于衬底图像化发展。外延尺寸要由现在的 4 英寸向 6 英寸、8 英寸发展；同时发展非极性面/半极性面蓝宝石外延技术，来降低应变场对于 LED 量子效率影响，获得高功率高光效 LED 芯片。②努力发展基于 HVPE（hydride vapor phase epitaxy，氢化物气相外延）技术的 GaN 同质衬底制备，实现 2 英寸 GaN 同质衬底的稳定量产，大规模量产。③发展具有自主知识产权的硅基 LED 技术，突破国外厂商对于蓝宝石外延的重重专利保护，同时有望在未来实现氮化镓基光电子与传统的硅基集成电路结合。

上游设备与材料是 LED 芯片外延的核心要素，需要：①早日实现 MOCVD 设备及重要零部件的国产化全替代，降低生产成本，增强中国 LED 芯片产业的价格优势；②发展大反应腔室 MOCVD 技术，有望充分利用反应源与载气，提升量产效率，增加出货速度；③实现 MOCVD 的金属有机 Mo（钼）反应源国产化全替代。

四、人工智能语音识别产业成熟度评价

（一）产业发展方向简介

人工智能第三次浪潮已经到来，在 2016 年 3 月和 2017 年 5 月，AlphaGo（阿尔法围棋）分别战胜了围棋冠军李世石、柯洁，让人工智能在全球获得空前广泛的关注。智能语音技术是人工智能重要研究方向，手机、电视、汽车、音箱、玩具、家居、可穿戴设备等产品都将依赖智能语音技术的进步而得到全新发展；同时，智能语音技术为教育、医疗、客服、政法等行业提供全新且高效的解决方案。

智能语音与行业应用结合过程中，面临远场、噪音、多人说话、持续说话和口音方言等一系列的问题，导致语音识别的效果急剧下降，从而影响体验。由于近年来国际上深度神经网络、机器学习方法快速进步，大数据和云计算提供了工程平台支撑，面向行业的鲁棒性语音识别技术得到了重大突破。

面对语音产业快速发展的机遇，国内外各大 IT 公司加大技术和市场

布局。Nuance 医疗语音转写、Google Home、苹果 Siri、亚马逊 Echo 等是国际巨头不断推出的极具创新的智能语音产品。得益于国内科研院所、企业扎实的研究基础，我国的语音核心技术处于国际领先水平，特别是针对中文相关的语音技术更是处于绝对的领先地位；科大讯飞、百度、思必驰、云知声、捷通华声、中科信利、海天瑞声等语音企业深度合作，绝对控制着中文语音市场。

（二）重大突破性技术的技术现状

国内中文智能语音技术已跨可用门槛，某些领域已达好用程度。语音合成处于世界领先水平，在国际最高水平语音合成比赛 Blizzard Challenge（国际语音合成大赛）中十二连冠，已达到了完全好用的地步。语音识别持续进步，自 2010 年开始科大讯飞等国内企业陆续实现了从 DNN（deep neural network，深度神经网络）、RNN（recurrent neural network，循环神经网络）到 CNN（convolutional neural network，卷积神经网络）的三次重大技术框架升级，始终以每年 20%~40% 的幅度持续进行优化，目前在中文语音识别领域处于绝对的世界领先水平，在 NIST（National Institute of Standards and Technology，美国国家标准与技术研究院）举办的 2016 年国际多通道语音分离和识别大赛中，科大讯飞参赛系统囊括所有指标第一名。针对采访、会议、节目、授课、车载、审判等场景下的语音识别效果持续提升，已逐步在各行各业应用。普通环境下，语音识别效果已达到 97%，在车载等相对恶劣场景下，语音识别效果超过 90%。

将语音识别技术成熟度评为 TRL8 级，预计技术处于完全成熟时间（TRL9）为 2020 年。

（三）重大突破性技术的制造现状

智能语音技术本身属于纯软件开发，其制造取决于高素质的科研人员、强大的计算能力、海量的真实数据。从 20 世纪 80 年代开始，国内部分高校和科研院所已开展智能语音技术研究，科大讯飞、捷通华声等一批企业持续投入，相关人才储备较为丰富；随着国内超算技术蓬勃发展，百度、阿里巴巴、腾讯、京东、讯飞等公司都已建成巨型数据处理中心，运算能力与国际水准相当；从2010年开始，国内智能语音均采用"云+端"模式，用户使用数据得以及时反馈，从人口红利形成数据红利，此领域处于绝对国际领先水平。

将语音识别制造成熟度评为MRL8级，预计制造处于完全成熟时间（MRL10）为2019年。

（四）重大突破性技术的市场现状

随着智能语音技术的不断成熟，其应用范围不断扩展，从手机等领域不断向政府、金融、家电、汽车等行业延伸，推动产业规模不断壮大。2015年全球智能语音市场规模达62.1亿美元，2017年全球智能语音市场规模达112.4亿美元。在全球智能语音产业快速发展的推动下和移动互联网应用的带动下，我国智能语音产业规模呈爆发式增长。2015年，我国纯智能语音产品和技术收入达到40.3亿元，语音技术带动移动互联网、智能家电、汽车电子等相关产业规模增长超过400亿元。2017年，随着智能语音技术在汽车电子、智能家居领域的大范围渗透，智能语音带动相关产业规模增长超过1000亿元。当前我国语音识别市场收入规模增加，实现盈利；从业人员以研发为主，但生产和销售人员开始增加；市场结构上，产品处于导入阶段，产品生产销售只集中在少数企业，市场占有率高且趋于平稳；产品的竞争力优势显现；少数企业掌握核心技术，技术壁垒高。

将语音识别市场成熟度评为MML3级，预计市场处于完全成熟时间（MRL3）为2022年。

综上，将语音识别产业成熟度评为MML2级（培育阶段），预计到"十三五"末（2020年）产业成熟度处于MML2级（培育阶段）。

（五）培育发展建议

一是需要国家通过强制立法，将国内用户的语音数据留在国内，这不仅有利于国内智能语音技术的发展，也有利于国家安全。

二是鼓励公平有序竞争，避免互联网巨头和资本巨头形成寡头垄断，否则不利于技术创新和演进。

三是大力发展 IC 产业，海量数据带来巨大的存储和运算需求，现在这些核心芯片都非国产，成本压力较大。